Jens Behrmann

Das
Geheimnis
meiner Gedanken

1 Auflage 04. Juli 2011

Herausgeber: Jens Behrmann

Umschlaggestaltung: Hansen - Husum

Druck: Buchwerft - Hamburg

ISBN 978-3-86342-244-8

Inhalt

Das Geheimnis meiner Gedanken

Jens Behrmann

„Wir sind was wir denken.
Alles was wir sind entsteht aus unseren Gedanken.
Mit unseren Gedanken formen wir die Welt.“

Buddha

Danksagung

Ich möchte mich hier bei jedem, der mir bisher auf meinem Weg begegnet ist, bedanken. Ob es nun meine Familie, Freunde, Lehrer, Lebenspartner sind oder Fremde, mit denen ich nur wenige Augenblicke zusammen war. Durch sie wurde es mir möglich, dieses Buch zu schreiben.

Die Lektionen, die wir miteinander gelernt haben, waren teilweise sehr tiefgreifend und nicht immer einfach. Oft aber auch sehr fröhlich und manches Mal traurig. Sie alle lehrten mich, dass ich in mir all das finde, was ich im Außen suche, und dass alles, was mir begegnet, immer in Schwingungsresonanz mit meinem Fühlen, Denken und Handeln steht. So wurde es mir möglich, das Leben, wie ich es betrachtete, völlig neu wahrzunehmen, zu definieren und vor allem anzunehmen, ohne andere Menschen für meine Lebensumstände verantwortlich zu machen.

Ich fing unbewusst an, den Weg zum göttlichen unendlichen Sein in mir zu finden. Es ist in seiner Weisheit allgegenwärtig und kann in jedem von uns wirken, wenn wir es wollen. Auch ich bin noch auf dem Weg, aber ich habe erkannt, dass ich der Weg bin.

Danke an alle.

Vorwort

Genauso wie wir auf der weltlichen Ebene vieles von unseren Eltern, Geschwistern und Lehrern für das Leben lernen und von ihnen in vielen Bereichen des Lebens erzogen werden und uns selbst weiterbilden, genauso sollten wir uns auf spiritueller Ebene weiterbilden und in vielen Bereichen entwickeln. Bilden wir uns nur in einem Bereich weiter, so werden wir nie erfahren, wie viele Spektren das Leben ausmacht.

Ich hatte das große Glück, dass mir eine sehr tief greifende Erfahrung zeigte, was das Gefühl der Liebe und der Einheit in einem anderen Bewusstsein bedeutet.

Die Liebe, die wir füreinander empfinden, ist oft geprägt von Ängsten, die auf Erfahrungen und Erwartungen aus der Vergangenheit zurückgehen. Wer ist in seinem Denken und in seinen Gefühlen wirklich frei? Wir sind alle von schmerzlichem Verlust geprägt und der Angst, einander zu verlieren. Dies verdunkelt oft unseren Blick mit dem Herzen darauf, wer wir und andere Menschen wirklich sind.

Dies ist in unserer Persönlichkeit und unseren Gewohnheiten begründet. Deshalb sollte unsere Persönlichkeit so klar werden wie ein funkelnder Diamant. So kann viel mehr Licht, sein Glanz, Farbspektrum und seine unendliche Weisheit in unserem Denken, Fühlen, Handeln und unseren Worten sichtbar werden.

Wenn das geschieht, beginnen wir, die liebevolle Weisheit, die in jedem von uns existiert, zu leben.

Dieses Buch soll ein bescheidener Beitrag dazu sein, Menschen einen Weg aus den Irrungen und Wirrungen ihres Lebens hin zu mehr Klarheit, innerem Frieden und mehr Liebe miteinander zu weisen. Ich möchte betonen, dass ich Glaubensrichtungen, Denksysteme oder Einrichtungen mit dem Ziel, den Menschen durch Gewaltlosigkeit unter Berücksichtigung des freien Willens auf den Weg zu mehr Selbstbestimmtheit, mehr Liebe und Frieden miteinander zu führen, respektiere.

Einleitung

Alle Kapitel in diesem Buch bauen aufeinander auf. Wir lernen, wieder bewusster zu leben, und das vor allem durch das bewusste Formen guter Gedanken. So können wir Schwierigkeiten und Hindernisse leichter überwinden. Wenn wir uns unsere Wünsche im Leben erfüllen möchten, so müssen wir auch die Voraussetzungen hierfür erfüllen. Dann werden wir das erhalten, was wir uns von unserem Leben erhoffen.

Dieses Buch erfüllt keine Wünsche, sondern dient dazu, unser Bewusstsein weiterzuentwickeln und verständlich zu machen, warum wir Geliebtes – egal, welcher Art – verlieren oder gar nicht erst bekommen.

Wir alle unterliegen Gesetzmäßigkeiten. In der Natur können wir es an den Jahreszeiten beobachten, bei uns selbst am Alterungsprozess. So erkennen wir, dass unser Sein bestimmten Regeln folgen muss und wir uns die Schwingungsresonanz für ein gutes Leben erwerben müssen. Erkennen wir diese Gesetzmäßigkeiten, denen wir unterliegen, so können wir sie für uns nutzen. Das ist allerdings nicht immer leicht und erfordert Arbeit.

Im hektischen Alltag sind wir mit vielen Dingen beschäftigt. Wir nehmen viele Eindrücke von außen auf und verarbeiten sie in jeder Sekunde unseres Lebens. So bemerken wir oft nicht, dass alles, was uns betrifft, häufig nur nach außen gerichtet ist und von außen kommt. Wir haben den inneren Weg vergessen. Wir haben begonnen, mehr und mehr im Außen zu leben, und lassen uns zunehmend von vielen Strömungen beeinflussen.

Wir leben immer weniger selbstbestimmt und funktionieren nur noch von Tag zu Tag, von Woche zu Woche. Was bestimmt unser Denken, unser Fühlen und unser Handeln bewusst und was unbewusst? Was sind unsere Stärken und wo haben wir Schwächen entwickelt? Dieses Buch hilft, die guten Eigenschaften in uns zu entwickeln, damit wir ein erfülltes und glückliches Leben führen können.

Indem wir die Übungen in diesem Buch machen, haben wir die Möglichkeit, viele Antworten in uns zu finden und das, was uns in unserem Leben immer wieder stört, nachhaltig zu verändern, indem wir neue Gedankenformen für uns selbst erschaffen. Was sind unsere wirklichen Wahrheiten und Realitäten und wie weit stimmt unser Inneres mit unserem Äußeren überein? Wenn wir erkennen, dass alles mit einem Gedanken beginnt, haben wir die Möglichkeit, diesen ganz bewusst zu erschaffen oder einen vorhandenen zu verändern. Das, was uns stört, kann gehen, das, was wir wirklich möchten, kann zu uns kommen und bleiben.

Kapitel 1

Die Gedanken

„Das Glück deines Lebens hängt von der Beschaffenheit deiner Gedanken ab“

Marc Aurelius – Römischer Kaiser

Wissenschaftler stehen auf dem Standpunkt, dass ein Gedanke ein Feuerwerk neuronaler Aktivitäten ist. Gedanken werden von den Neuronen, den Bausteinen des Gehirns, hervorgerufen. Ein Mensch hat etwa eine Billion dieser Nervenzellen. Sie stellen Informationen in Form von elektrischen Impulsen dar und leiten diese mit einer unglaublichen Geschwindigkeit weiter.

Ein Gedanke ist schneller als der Schall, ist schneller als das Licht und immerhin hat das Licht eine Geschwindigkeit von 300.000 km/h. Unsere Gedanken sind schon da, bevor wir uns dessen überhaupt bewusst sind. Sie formen sich zu einer Information. Das ist der Prozess, der im Gehirn abläuft und letztlich den Gedanken bildet. Dieser Prozess läuft so lange unbewusst in uns ab, bis er abgeschlossen ist. Dann erst werden wir uns des Gedankens bewusst.

Spirituell betrachtet besteht ein Gedanke aus Mind oder anders ausgedrückt, ist es Geistsubstanz. Aus dieser Geistsubstanz entstehen alle physischen und psychischen Auswirkungen die für uns spürbar und erfahrbar werden. Es ist etwas Lebendes, das unterschiedlichen Schwingungsniveaus entspricht. Es gibt also unterschiedliche Abstufungen der Geistsubstanz und die menschliche Geistsubstanz lässt uns denken und fühlen.

Dies ist in seiner Natur für uns erst einmal neutral. Ein Gedanke besteht somit aus Geistsubstanz und wir haben die Möglichkeit, ihn bewusst oder unbewusst mit unseren Emotionen oder Gedanken aufzuladen.

Unsere Gedanken bilden dann die Essenz dessen, wer und was wir sind. Sie formen unseren Charakter und sie machen unsere Persönlichkeit aus. Ist ein Gedanke einmal, gedacht und ausgesendet, wird er einen Einfluss auf unser Leben nehmen. In welchem Umfang das geschieht, kann von der Intensität der Emotion und der Stärke des Gedankens abhängen, den wir ihm geben. Je bewusster ein Gedanke erschaffen wird, desto stärker ist seine Wirkungsweise oder Resonanz.

Mind durchdringt das gesamte Universum und es durchdringt alles, was wir kennen, oder nicht kennen. Es ist ein mentales Prinzip, dass im gesamten Universum wirkt. So ist auch der Satz „***Wie oben, so unten und wie unten, so oben***" zu verstehen. Alles was uns auf der materiellen Ebene begegnet hat seine Entsprechung auf der mentalen Ebene. So nehmen Gedanken ihre Form an und sie werden in jedem Fall dafür sorgen, dass wir das, was wir bewusst oder unbewusst aussenden, früher oder später auch erhalten werden.

Es kann sich dabei um etwas Gutes handeln, dass uns und andere konstruktiv unterstützt, oder es kann etwas Schlechtes sein, dass uns und auch andere behindern und binden kann. Jeder falsche Gedanke bindet uns und jeder richtige Gedanke befreit uns.

Gedanken beeinflussen in jeder Sekunde unser Leben. Ein Mensch hat etwa 60.000 bis 70.000 Gedanken am Tag. Wer von uns kann schon sagen, welche davon bewusst und welche davon eher unbewusst sind? Aber alle diese Gedanken beeinflussen unser Leben. Sie wirken auf den Körper, den Erfolg, das Wohlbefinden und darauf, wie man Freude und Leid empfindet.

Fragen wir uns: Welche Gedanken beeinflussen unser Leben? Sind es Gedanken der Liebe, der Freude, der Schönheit, der Harmonie? Oder sind es eher Gedanken der Eifersucht, des Neides, des Hasses oder noch schlimmere? Jeder kennt die Geschichte von Aladin und der Wunderlampe. Aladin hat drei Wünsche frei und es spielt keine Rolle, was Aladin sich wünscht – es wird vom Flaschengeist erfüllt. Genauso verhält es sich mit unseren Gedanken, die wir hervorbringen. Allerdings haben wir nicht nur drei, sondern unendlich viele Wünsche frei.

Sind wir uns im Klaren darüber, welche Qualität der Gedanken wir in uns entstehen lassen und somit auch in unsere Umwelt senden? Wissen wir, dass die Gedanken sich in Form von äußeren Umständen in unserem Leben widerspiegeln? Wir sollten aufmerksam beobachten, was wir denken und mit welchen Absichten wir unser Denken und Handeln sichtbar werden lassen. Sind es gute Taten für uns selbst und andere oder sind es weniger gute Taten? Welche Auswirkungen haben diese Taten für uns und für andere Menschen in unserer Umgebung?

Wenn wir erkennen, dass alles, was in unserem Leben geschieht, unserer eigenen Gedankenwelt zugrunde liegt, so sehen wir vielleicht ein, dass wir allein die Verantwortung für alle Situationen in unserem Leben tragen und sie bewusst oder unbewusst herbeigeführt haben. Dann haben wir die Möglichkeit zu erkennen, dass wir unserem Leben ganz bewusst die Richtung geben können, die gut für uns und auch für andere ist. Wir beginnen zu begreifen, was unser Leben beherrscht und uns in Situationen bringt, die für uns gut, schlecht oder neutral sind.

Dann beginnen wir zu verstehen, was unsere Persönlichkeit ausmacht und welchen Zwängen wir unterliegen. Wir können anfangen, unsere Persönlichkeit Stück für Stück zu klären und destruktive Gedanken sofort verändern.

Wir sind von unzähligen und verschiedensten Informationen in Form von Gedanken umgeben und nehmen ständig Gedanken auf und stoßen sie wieder ab. Viele Menschen können das spüren und manchmal ist es so, als ob wir nicht genau wissen, woher diese oder jene Art von Gedanken kommt, denn es gibt auch Gedanken, die nicht unserer Persönlichkeit entsprechen und die wir von anderen Menschen aufnehmen.

Dieses Phänomen nennt man Hellfühlen. Wir spüren, was der andere denkt oder fühlt. So erfahren wir, dass Gedanken durchaus etwas Lebendiges und Eigenständiges sind und sich in ihrer Umgebung bemerkbar machen. Hierfür sind Menschen sowohl Sender als auch Empfänger.

Wir können es uns so vorstellen: Wohl fast jeder von uns hat als kleines Kind in einem Sandkasten gespielt. Wir hatten eine Schaufel, eine Harke, vielleicht einen Besen zum Säubern und Formen für den Sand. Wir konnten diese Formen mit Sand füllen und erhielten einen entsprechenden Sandabdruck.

Genauso verhält es sich mit unseren Gedanken. Wir formen sie ununterbrochen auf der geistigen Ebene und erhalten Gegenstücke in unserer materiellen Welt. Diese können sich in physischer oder emotionaler Form manifestieren. Unser Handeln ist meist unbewusst. Viele Menschen sagen deshalb, dass wir sehr bewusst mit unseren Gedanken umgehen sollen.

Je öfter wir einen Gedanken haben, desto mächtiger wird dieser Gedanke. Er kann sogar unsere Persönlichkeit dominieren. So können Phobien, Süchte und alle Arten von Abhängigkeiten entstehen. Es sind die Geister, die ich rief.

Natürlich kann genau das Gleiche unserem Wohl dienen, wenn wir liebevolle und positive Gedanken aussenden. Mit jedem positiven Aussenden stärken wir unsere Persönlichkeit und schaffen einen edleren Ausdruck von uns selbst. Also sollten wir Gedankenformen zu starken Verbündeten von uns machen, indem wir konstruktiv denken.

Erkennen wir, welche Macht Gedanken haben können, so haben wir einen Schlüssel in der Hand, den wir für unser Wohl und das Wohl anderer einsetzen können. Gedanken können helfen und heilend wirken oder zerstören. Sie können Krankheiten heilen oder sie herbeiführen, Menschen verändern aufgrund ihrer Gedanken ihr Verhalten. Mann kann sogar sagen, dass sie Phänomene bewirken können.

Wir alle, jeder von uns besteht aus seinen individuellen Gedanken und sie sind von einer überaus großen Kraft. Jeder Gedanke hat eine Wirkung. In vielen Versuchen wurde festgestellt, dass unsere Gedanken sogar die Wirkungsweise von Medikamenten vollkommen aufheben können.
Wunden heilen schneller, Schmerzen werden gelindert und viele motorische Einschränkungen des Körpers werden aufgehoben.

Wir sollten Folgendes bedenken:

Alle Gedanken, die wir aussenden, sind unzerstörbar und haben einen direkten Einfluss auf unser Leben. Sie sind wie ein Fingerabdruck, der unverwechselbar zu uns gehört. Wir werden als Schöpfer unserer Gedanken immer wieder mit unseren Schöpfungen konfrontiert. Das alles geschieht, damit unsere unvollkommenen Gedankenformen erlöst werden.

Dies kann nur durch Liebe und Einsicht geschehen. So erlangen wir Vollkommenheit. Wenn das geschieht, werden unsere unvollkommenen Gedankenschöpfungen erlöst. All das kann durch Gedanken in Verbindung mit dem Visualisieren geschehen. Auf das Visualisieren werde ich später eingehen.

Kapitel 2

Die Persönlicheit und die Emotionen

„Der Charakter ruht auf der Persönlichkeit, nicht auf den Talenten."

Johann Wolfgang von Goethe

Unsere Persönlichkeit befindet sich in einem ständigen Wandel. Empfindet sie heute noch etwas als wundervoll und ist euphorisch, so muss das schon morgen nicht mehr der Fall sein. Unsere Persönlichkeit und die damit verbundenen Gefühle und Handlungsweisen sind oft abhängig von äußeren Umständen, egal ob sie zu unserem Vorteil sind oder nicht.

Machen wir positive Erfahrungen, sind wir glücklich, im Falle von weniger guten Erlebnissen sind wir weniger glücklich oder gar unglücklich. Wo ist hier die Konstante? Was oder wer verursacht Schmerz, Leid und Verwirrung? Was verursacht Streit, Gewalt, Kummer und Krieg? Was ist der Grund für Liebe, Freude, Glück und Frieden?

Die norwegische Akademie der Wissenschaften hat errechnet, dass in den letzten 3.600 Jahren insgesamt etwa 15.513 Kriege stattfanden, in denen es 3.064.000.000 Tote gab.

Warum geschieht das?

Weil unsere unbewusste Persönlichkeit für alles Gute und Schlechte in dieser Welt verantwortlich ist.

Was macht nun unsere Persönlichkeit aus? Man kann sagen, dass die Persönlichkeit die Summe der Erfahrungen, Emotionen, Gedanken und Taten in unserem Leben ist. Keine Persönlichkeit gleicht einer anderen. Selbst eineiige Zwillinge haben zwei unterschiedliche Persönlichkeiten. Letztendlich ist die Persönlichkeit Teil unseres Ego. Das Ego bringt alles Gute und Schlechte in uns hervor.

Der Egoismus der Persönlichkeit befindet sich auf der untersten Bewusstseinsebene und ist für alles Leid in dieser Welt verantwortlich. Der Egoismus muss also in einen liebevollen Ausdruck des Lebens verwandelt werden.

Er muss demontiert werden, damit sich in unserem Leben mehr Freude, Glück, Zufriedenheit, Liebe, Frieden und alles, was wir uns wünschen, erfüllt. Wir sind diejenigen, die das entscheiden. Aber wie können wir den Egoismus erkennen? Wir erkennen ihn, indem wir unseren Geist benutzen. Dies erreichen wir, indem wir üben, aufmerksam zu sein.

Nach und nach werden wir dadurch bewusster. Indem ich die Schlüssel, die in mir sind, verwende, nutze ich den Geist bewusst. Die Schlüssel heißen Meditation, Beobachtung, Konzentration und Kontemplation. Mehr dazu später.

Die Persönlichkeit kann ein stetiger Unsicherheitsfaktor in unserem Leben sein und sie unter Kontrolle zu bringen ist ein schwieriges Unterfangen und bedarf der täglichen Übung.

Hierzu möchte ich ein Beispiel geben:

Fast jeder von uns war sicherlich schon einmal unglücklich verliebt. Wohl jeder kennt das traurige Gefühl, von jemandem verlassen worden zu sein. Die meisten von uns wissen daher, wie sehr unsere Emotionen unsere Gedanken beeinfl ussen können. Ja sogar unseren Gesundheitszustand, den Appetit und viele andere Dinge.

Die Frage, die sich hier stellt, ist: Warum fällt es so schwer, aus diesem Kreislauf der Emotionen, die nicht guttun und die Gedankenwelt beeinflussen, herauszukommen? Das liegt daran, dass die Emotionen die gesamte Aufmerksamkeit auf das Leiden lenken.

Die Emotionen bestimmen die Gedanken. Die Gedanken formen den Geist. Die Gedankenformen werden mit immer mehr Energie geladen und man bekommt mehr von dem, was man eigentlich nicht möchte: Leid.

Es ist eine Kettenreaktion, die sich verselbstständigt hat und sich durch die unterschiedlichsten Lebensumstände bemerkbar macht. Natürlich gilt dieses Prinzip auch für Freude, Glück, Zufriedenheit und alles andere in unserem Leben.

Nicht umsonst sagt man, dass das Geld immer zu denen geht, die schon viel davon haben, und dass es den Reichen ganz leicht zufällt. Es ist das gleiche Prinzip und keineswegs Zufall. Es liegt an den Gedanken und an den Gewohnheiten des Denkens. Die gute Nachricht ist, dass es unwichtig ist, in welchem sozialen Umfeld man aufgewachsen ist oder unter welchen Umständen man lebt.

Man hat es jederzeit in der Hand, die Gedanken so zu lenken, dass sich die Lebensumstände und damit das ganze Leben verändern. Die Welt und alles, was wir kennen, besteht aus Gedanken. Die Geschwindigkeit, mit der sie sich bewegen, ist für uns unvorstellbar. Sie breiten sich wellenförmig in alle Richtungen aus.

Ein Gedanke ist eine Schwingung und einmal erzeugt, kann er nicht mehr beseitigt werden. Er ist wie eine Welle, die jedes Teil im Universum erfassen kann und mit Menschen, die gleichartige Schwingungen haben, korrespondiert und so mit dazu beiträgt, Gutes oder Schlechtes zu verstärken.

Haben wir gute und noble Absichten oder aber selbstsüchtige, egoistische Motive, die voller Hass, Neid, Rache und Eifersucht sind, erzeugen wir durch die Art unserer Gedanken Schwingungen, die jede einzelne Zelle unseres Körpers schwingen lassen.

Haben wir zerstörerische Gedanken, beginnen wir, unsere Zellen zu zerstören und werden irgendwann auch körperlich leiden. In diesem Fall wird unser Körper krank und wie eine Blume verwelken. Durch jeden liebevollen Gedanken, den wir haben, ist unser Körper in Harmonie und er wird wie eine wunderschöne Blume erblühen.

Kapitel 3

Der Geist

„Die größte Entscheidung deines Lebens liegt darin, dass du dein Leben ändern kannst, indem du deine Geisteshaltung änderst. “

Albert Schweitzer, dt. Arzt und evang. Theologe

Was bedeutet es, wenn wir von Geist sprechen? Denken wir an die üblichen „geistig“ genannten Fähigkeiten des Menschen, so ist Geist das Wahrnehmen und Lernen ebenso wie das Erinnern und Vorstellen sowie Fantasieren und sämtliche Formen des Denkens. Hierzu gehört es zu beabsichtigen, zu planen, zu überlegen, auszuwählen, zu entscheiden, zu bewerten, achtsam zu sein und noch einiges mehr.

Vor allem aber setzt ein guter Geisteszustand auch ein hohes Maß an Konzentration voraus. Unter spirituellen Gesichtspunkten ist Geist etwas, das nicht an unseren materiellen Körper gebunden ist. Es ist ein Überbewusstsein, das vom Wesen her gottgleich oder gottähnlich sein kann.

So gibt es in vielen Religionen die Vorstellung von einem heiligen Geist und im Christentum werden die Segenssprüche mit der Formel „im Namen des Vaters, des Sohnes und des Heiligen Geistes“ beendet. Der Geist spielt weltweit und in vielen Kulturen eine besondere Rolle. Aber was ist dieser Geist? Wozu befähigt er uns und wozu ist er überhaupt da?

Laut vielen Mystikern ist alles, was existiert, aus dem Mind erschaffen worden und in allem, was existiert, ist der Mind. Der Mind ist die Substanz die keine Form besitzt und diese strömt aus Gott, sie ist aber nicht Gott. Er steht den Menschen in unterschiedlichen Schwingungsfrequenzen zur Verfügung. Der Mind ist alles und durchdringt alles, vom Feinstofflichen bis hin zu den unterschiedlichsten festen Körpern, in allen Erscheinungsformen wie die Luft, Mineralien, Pflanzen, Tiere, wir Menschen und alles was wir kennen und oder nicht kennen.

Mit unseren Gedanken formen wir nun die Geistsubtanz, denn wir haben sie als Mittel zur Verfügung gestellt bekommen, um in einem Kokreationsprozess überbewusst und nicht unbewusst zu gestalten und zu erschaffen.

Wir alle nutzen den Geist jeden Tag in jeder Sekunde unseres Lebens. Die meisten Menschen tun dies jedoch nur unbewusst. Sie sind sich nicht im Klaren darüber, welch ein außerordentlich großes Geschenk sie zur Verfügung gestellt bekommen haben. Der Geist waltet in uns als unser tägliches Brot. In der Bibel steht: „Unser tägliches Brot gib uns heute."

Damit ist die Geistsubstanz gemeint, die in uns wirken kann.

Wenn man eine plötzlich auftretende, knifflige Situation gut gemeistert hat, sagt man, man habe geistesgegenwärtig gehandelt. Hier ist der Geist in uns aktiv geworden, ohne dass wir überhaupt nachgedacht haben. Im Lateinischen bedeutet spiritus Geist oder Atem. Im latei-nischen Wort für Geist ist also erkennbar, dass wir den Geist durch das Atmen in uns aufnehmen. Wir nehmen ihn mit dem ersten Atemzug in uns auf und mit unserem letzten Atemzug wird er wieder aus unserem Körper gehen. Mit verschiedenen Atemübungen kann man das Bewusstsein schärfen.

Atmen wir zum Beispiel bewusst und tief statt unbewusst und flach, so können wir durch das Atmen mehr Energie in uns aufnehmen und uns gestärkt und vital fühlen. Wahre Meister sind in der Lage, so viel von der Geistsubstanz, die durch das Atmen kommt, zu speichern, dass sie es an andere weitergeben können, ohne etwas von ihrer Kraft einzubüßen.

Gute Heiler sind dazu ebenfalls in der Lage. Jesus Christus strömte die Geistsubstanz aus. Er tat Dinge, die wir als Wunder bezeichnen, aber in Wirklichkeit waren es Dinge, die unserer Natur entsprechen.

Jesus Christus sagte nicht umsonst:

„Wer mir nachfolgt, wird größere Dinge tun können als ich.“

Um dies zu erreichen, müssen wir uns selbst erkennen und unsere Persönlichkeit reinigen und klären.

Das kann ein langwieriger Prozess sein. Wir haben aber die Möglichkeit, mit durch die Geistsubstanz zu erschaffen . Wie ich eingangs schon erwähnte, haben wir die Möglichkeit, den Geist zu formen. Die zentrale Frage, die sich hier stellt, ist also: Wozu verwende ich im Moment den Geist und was habe ich bisher auf diese Art erschaffen und was möchte ich mir in Zukunft erschaffen?

Gott in seiner unendlichen Liebe und Güte stellt jedem von uns jeden Tag Geistsubstanz zur Verfügung – eben unser tägliches Brot aus der Bibel. Jeder von uns bekommt jeden Tag eine gewisse Menge an Vitalität oder Geist zur Verfügung gestellt.

Brauche ich ihn auf, weil ich wütend bin oder Hass in mir trage, so werde ich sehr schnell erschöpft sein. Die meisten von uns kennen die Situation, in der wir uns über irgendetwas meist sehr Unwichtiges aufregen oder auch mit jemandem streiten. Manchmal steigern wir uns in diese Aufregung oder diesen Streit hinein.

Die Aufregung oder der Streit nimmt immer mehr Raum ein und kostet uns immer mehr Energie. Schließlich fühlen wir uns ausgelaugt und müde. Wir haben viel Energie für unsere Wut verbraucht. Was wäre passiert, wenn wir ruhig geblieben wären, statt uns zu streiten, und wir keine Energie in diesen Streit investiert hätten?

Gebrauche ich den Geist gut und trage Liebe und Freude in mir, so erhöht sich mein Vorrat an Vitalität und Geistsubstanz. Gebrauche ich ihn schlecht, so verbrauche ich den Vorrat an Energie, der mir zur Verfügung steht, sehr viel schneller.

Ich sollte also lernen zu haushalten und Situationen, die mir nicht guttun, vermeiden. Nun wissen wir zwar, wie der Geist wirkt, doch wie kann ich ihn bewusst gebrauchen?

Wir haben die Möglichkeit, den Geist bewusst mit unseren Gedanken zu gebrauchen und zu formen. Jeder Gedanke und jede Emotion lässt eine Form entstehen, die wieder zu uns zurückkommt und sich auf unser Leben auswirkt.

Schon mit dieser Information kann jeder beginnen, sich dabei zu beobachten, wie man dieses Wissen in sein Leben integriert und Lebensformen erschafft, die dabei unterstützen, dem Leben die Richtung zu geben, die man möchte. Die Geistsubstanz ist das von Gott gegebene Mittel zum Zweck der Erfüllung der Wünsche für uns.

Dabei spielt es keine Rolle, ob wir uns dessen bewusst sind oder nicht. Wir allein sind dafür verantwortlich, wie wir den Geist gebrauchen. Und wir tun dies alle – bewusst oder unbewusst. Wir sollten den Geist nicht gebrauchen, um andere Menschen zu beeinflussen, sondern um Gedanken der Liebe und Reinheit, des Friedens, der Freude und Schönheit, des Glücks für uns selbst und andere zu erschaffen.

Wir leben in einem gerechten System, in dem alles genau an seinem Platz ist. Dies geschieht durch die Gedanken, die wir aussenden, und die Qualität der Schwingung, die wir dadurch entstehen lassen. So entspricht und zeigt sich in unserem Leben immer genau das, was unserer Schwingung entspricht, denn Schwingung kann sich nicht wie ein Mensch verstellen.

Schwingung dehnt sich mit den Gedanken und allen Emotionen, die wir haben, aus. Wir werden immer genau dort sein und genau das erfahren und erhalten, was den Schwingungen entspricht. Wir ernten, was wir säen. Was benötigen wir, um Veränderungen bewusst herbeizuführen? Wir sollten das Visualisieren lernen.

Kapitel 4

Das Visualisieren

„Was du im Geiste sehen kannst, wirst du erhalten."

Jens Behrmann

Beim Visualisieren wird der Geist selbstbewusst gebraucht, um brillante und kristallklare Bilder in allen Details zu erzeugen. So gesehen ist das Visualisieren die Sprache des Göttlichen in uns. Durch das Erlernen und den bewussten Gebrauch dieser göttlichen Sprache können wir unser ganzes Leben verändern. Das Visualisieren lässt sich auf alle Lebensbereiche anwenden.

Es gibt nur eine wichtige Regel, die wir immer und unter allen Umständen beachten sollten: Man darf das Visualisieren niemals anwenden, um andere Menschen zu beeinflussen. Denn wir dürfen nichts durch unseren Egoismus erzwingen, was nicht dem freien Willen eines Menschen entspricht. Das würde irgendwann unangenehme und wohl auch karmische Folgen für uns haben.

Wer fleißig übt, lernt, die Geistsubstanz mithilfe des Visualisierens zu formen. Am Besten beginnt man mit einfachen Bildern und geht dann Stück für Stück dazu über, ganze Szenen und Abläufe zu erzeugen. Es gibt wohl nichts Mächtigeres als Gedanken, und wenn wir diese selbstbewusst mit dem Visualisieren verbinden, dann entfalten wir unser wahres Selbst Stück für Stück und können auch helfen anderen. Jeder von uns visualisiert unbewusst. Im Traum und sogar im Wachzustand. Jeder hat unbewusst sogenannte Tagträume, in denen wir alles um uns herum vergessen.

Zum besseren Verständnis folgt hier eine Übung.

Wir schließen die Augen und atmen rhythmisch durch die Nase in den Bauch ein und durch den Mund wieder aus. Wir sollten drei Sekunden einatmen und drei Sekunden ausatmen.

Wenn wir ein wenig zur Ruhe gekommen sind, stellen wir uns in allen Einzelheiten eine Zitrone vor. Wir sehen die Zitrone ganz detailliert vor unserem inneren Auge – die strahlend gelbe Farbe, die Form. Wenn wir dieses Bild haben, dann riechen wir an der Zitrone. Welchen Duft nehmen wir wahr? Vielleicht merken wir ein Ziehen im Mundwinkel oder uns läuft das Wasser im Mund zusammen? Nun stellen wir uns vor, wie wir die Zitrone in zwei Hälften schneiden. Wir schauen uns das Fruchtfleisch ganz genau an und sehen, wie saftig es ist.

Wir sehen, wie der Zitronensaft an beiden Hälften herunterläuft. Vielleicht riechen wir die Zitronensäure und können sie sogar schmecken. Nach einer Weile setzen wir die beiden Hälften wieder zusammen und sehen, dass die Zitrone wieder ganz ist.

So einfach ist das Visualisieren, so einfach ist es, den Geist zu formen und sich in einer göttlichen Sprache zu verständigen. Visualisieren ist das bewusste Handeln im Geiste und nach viel Übung das überbewusste Erschaffen innerer Bilderwelten mit dem Verstand.

Wir können Geschmack, Gefühle, Farben und Handlungsweisen mit inneren Bildern herstellen. Das ist eine Gabe, die jeder Mensch in sich trägt. Wir visualisieren häufig unbewusst und oft nur in unseren Träumen. Aber auch hier erzeugen wir Wirklichkeiten, die durchaus real werden können. Beim Fernsehen visualisieren wir u. a. das, was uns vorgegeben wird. So wird ein Verlangen in uns geweckt, weil wir dazu ein emotionales Bild gespeichert haben. Deshalb sollten wir genauestens Überprüfen was zu mir gehört und was von Außen meine Emotionen beieinflusst.

Kapitel 5

Die Ruhe

„Wenn man seine Ruhe nicht in sich findet, ist es zwecklos, sie andernorts zu suchen."

François de La Rochefoucauld

Ruhe ist überaus wichtig für uns. Haben wir keine Ruhe, können wir unsere eigentlichen Bedürfnisse nicht wahrnehmen. Haben wir Ruhe, so können uns die besten Ideen kommen, denn dann nehmen wir wieder unsere Intuition wahr.

In der Ruhe zentrieren wir uns und beginnen, uns selbst wieder zu spüren. Wenn wir ruhig werden, kommen die Einfälle, Ideen und Ausblicke, die wir in einem hektischen Umfeld nicht wahrnehmen können.

Je ruhiger wir werden, desto stärker nehmen wir unsere Intuition wahr. Viele von uns sagen auch Bauchgefühl dazu. In der Ruhe, wenn wir uns entspannen, finden wir den Zugang zu uns selbst und wir können uns unserer inneren Weisheit öffnen. In uns lagert viel mehr Wissen, als wir es uns vorstellen können.

Wie viel Ruhe gönnen wir uns täglich? Gönnen wir uns auch wirklich Ruhe ohne äußere Einflüsse wie Musik, Fernsehen oder andere Umstände, die uns ablenken und aus der Ruhe bringen? In der Ruhe liegt die Kraft, heißt es. Denken wir doch einmal über diesen Satz und seine Bedeutung für uns nach.

Kapitel 6

Die Stille

„Die Stille kennt alle Geheimnisse."

Jens Behrmann

Die Stille für sich zu finden bedeutet die Abwesenheit von Lärm jeglicher Art im Äußeren und vor allem auch in unserem Inneren. Wir werden durch nichts abgelenkt. Der Unterschied zwischen Ruhe und Stille ist, dass wir zwar Ruhe um uns herum haben können, damit aber nicht zwangsläufig auch Stille in uns tragen. Stille ist heutzutage ein großer Luxus.

In vielen Weisheiten wird von der Stille gesprochen und davon, dass wir sie möglichst täglich für uns nutzen sollen. In der Stille können wir uns ganz auf die Wünsche, Worte und anstehenden Taten einstellen. In der Stille können wir aufmerksam werden und erkennen, welche Emotionen und Gedanken in uns sind. Lauschen wir aufmerksam auf das, was nicht im Einklang in uns ist, so können wir es ändern.

Sind wir in der Stille und schließen unsere Augen, so begeben wir uns von der physischen Ebene in die psychische. Wir betreten unsere innere Welt. Hier ist unsere Wahrnehmung der Welt in uns und um uns herum eine völlig andere. Beide Welten existieren jedoch gemeinsam und zur selben Zeit. Nur nehmen wir unsere innere Welt oft nur in der Stille wahr.

Sind wir entspannt, innerlich ruhig, aber auch konzentriert und haben genügend Geduld, so wird sich unsere Wahrnehmung erweitern. Das ist der Zeitpunkt, zu dem wir mit unserer inneren Weisheit in Kontakt treten können. Alles wird klarer und intensiver ganz ohne äußere Einflüsse. Dann kommen Ideen, Ansichten und innere Worte zu uns, die uns viel weiter bringen können als unser „normaler Verstand“.

Es können aber auch Dinge sein, die uns nicht gefallen, denn hier haben wir die Möglichkeit, die schonungslose Wahrheit über uns und unser Handeln zu erfahren. Vor allem aber haben wir in der Stille die Möglichkeit, die Dinge aufzuspüren, die uns behindern und uns nicht guttun.

Haben wir diese erst einmal entdeckt, so können wir diese Gedankenformen in uns deenergetisieren und durch etwas Konstruktives ersetzen. Wie können wir nun Stille finden? Im Kapitel mit den Übungen gibt es eine Anleitung, wie man in die Stille gehen kann.

Kapitel 7

Die Liebe und der Mensch

„Am Anfang gehören alle Gedanken der Liebe. Später gehört dann alle Liebe den Gedanken."

Albert Einstein

Seit jeher ist die Liebe eines der beliebtesten Themen in der Literatur, Liedern und Gesprächen. Schließlich ist die Liebe das Wichtigste im gesamten Universum. Durch die Liebe ist alles entstanden, durch die Liebe wird alles erhalten und durch die Liebe wird alles verwandelt.

Begegnen wir jedem Menschen mit Liebe, ungeachtet dessen, wer er ist, was er sagt und was er tut, sind wir auf dem richtigen Weg. Viele große Persönlichkeiten, die Herausragendes geleistet haben, raten uns, diesen Weg zu beschreiten.

Ich selbst hatte ein Erlebnis, das meine Betrachtungsweise der Liebe und mein Gefühl von Liebe für immer verändert hat. Ich war damals zu Hause und wollte mich nachmittags ein wenig von der Arbeit erholen. Also legte ich mich auf mein Sofa, machte es mir bequem und hing meinen Gedanken nach.

Was dann geschah, ist nicht so leicht in Worte zu fassen. Ich hatte plötzlich das Gefühl, dass sich mein Bewusstsein erweitert. Es hatte eine völlig neue Seinserfahrung. Ich befand mich auf einer Ebene ohne Fragen.

Alles war vollkommen. Die Persönlichkeit spielte keine Rolle mehr und ich war durchdrungen von einem Gefühl, das mich alles verstehen ließ. In diesem Moment habe ich erkannt, dass alles ist und alles von einer großen und unendlichen Liebe erfüllt ist. Diese Liebe habe ich nie zuvor und seitdem nie wieder empfunden und sie ist unvergleichlich. In diesem Gefühl der absoluten Liebe gibt es keinen Hass, keinen Neid, keine Missgunst oder andere destruktive Gefühle. Es gibt keine Gedanken, vielmehr scheint alles ein einziger Gedanke zu sein. Alles ist und ich begann zu verstehen, dass alles Liebe ist. Das ist zumindest das Wort, das wir hierfür kennen.

Ich begriff, dass alle negativen Eigenschaften nur in meinen Gedanken und Gefühlen existieren. Gleichzeitig gibt es jedoch diese andere Wirklichkeit, diese Ebene in uns, in der nur die absolute Liebe existiert, in der wir sind und immer sein werden.

Um dort hinzugelangen, ist es unabdingbar, dass wir jedes destruktive Gefühl und jeden destruktiven Gedanken in uns verwandeln und somit erlösen.

Dann werden wir, unser Gefühl und unsere Gedanken frei sein vom persönlichen Selbstzweck und den Begrenzungen und unser Leben wird eine völlig neue Qualität erhalten. Wenn wir diesen Weg konsequent gehen, dann werden wir auch irgendwann in der Lage sein, uns selbst und auch anderen Menschen ein leuchtendes Beispiel für Mitmenschlichkeit zu sein. Es gab schon einige, die diese überaus wichtige Eigenschaft entwickelt haben.Denken wir nur an Gandhi, Mutter Teresa oder Nelson Mandela. Das sind nur drei Beispiele von Menschen, die in der Öffentlichkeit standen.

Sie hatten so viel Liebe in sich, dass sie anderen Menschen selbstlos dienten und ihnen so Hoffnung und neuen Mut für ihr eigenes Leben, ja sogar für einen ganzen Kontinent gaben. Sie haben unter schwierigen Umständen Großes erreicht.

Das muss nicht unser Ziel sein, aber wenn wir uns auf den Weg machen und mehr Liebe und Selbstliebe in unserem Leben hervorbringen, so werden wir für uns selbst und auch für andere Menschen vieles verändern können.

Die Liebe und die Freude sind der Treibstoff, den wir benötigen, die Grundlage und das Fundament, auf dem sich alles gründen sollte, was auch immer wir in unserem Leben machen. Wenn wir Liebe säen, werden wir mehr Liebe ernten. Das ist nicht immer einfach, aber es ist wichtig zu wissen, dass wir schon viel erreicht haben, wenn wir uns auf den Weg machen, in jeder Situation unseres Lebens die Liebe mit einzubeziehen.

Wir werden dann andere Entscheidungen treffen, uns anders verhalten und vor allem beginnen, unsere Persönlichkeit und den darin innewohnenden Egoismus zu reinigen und zu klären. Wir erschaffen einen liebevolleren Ausdruck von uns selbst. Unser Charakter wird sich verändern und wir werden mehr Selbstsicherheit, ein größeres Selbstwertgefühl, mehr Freude, mehr Gelassenheit und inneren Frieden erhalten.

Viele Menschen sind sehr eigensinnig und egoistisch. Dies betrifft dann auch ihren Umgang mit der Liebe. Wir setzen unsere Liebe in Beziehung zu anderen Menschen auf die niedrigste Erfahrungsstufe. Das ist die egoistische Liebe, bei der der Mensch nur sich selbst liebt und immer auf seinen eigenen Vorteil bedacht ist. Nichts, was wir aus egoistischen Motiven bei anderen Menschen erreichen und durchsetzen wollen, entspringt der wahren Liebe.

Liebe sollte niemals dem Selbstzweck dienen. Beginnen wir damit, die Liebe, die in unserem Leben und in allem, was uns begegnet, vorhanden ist, zu erkennen und zu fühlen. Vor allem auch in dem, was uns nicht gefällt. Machen wir uns auf den Weg und befreien uns von den Ängsten und Sorgen, die uns quälen. Sich über diese Ängste und Sorgen klar zu werden und sich davon zu befreien, befreit uns von inneren Zwängen. Dieser große Schritt bringt neue Sichtweisen mit sich. Alles im Leben kann so einfacher werden. Die nächsten Kapitel zeigen, wie das geht.

Kapitel 8

Die Vergebung

„Der Schwache kann nicht verzeihen. Verzeihen ist eine Eigenschaft des Starken."

Mahatma Gandhi

Das Vergeben ist ein Schlüssel für uns. Jesus sagte: „Wenn ich vergebe, habe ich vergessen.“ Vergebung ist die Befreiung von dem, was uns auf destruktive Weise an etwas bindet. Dies sind meistens Erlebnisse mit anderen Menschen. Das Vergeben ist nicht leicht.

Wie oft ertappen wir uns dabei, dass wir Menschen, die uns nicht grade wohl gesonnen waren oder uns vielleicht Schaden zugefügt haben, nicht vergeben können, schlecht über sie denken oder reden? Jedes Mal, wenn wir auf diesen Menschen zu sprechen kommen, äußern wir uns negativ. Auf dem Hintergrund, dass alles immer mit uns selbst in Resonanz steht, sollten wir dieses Verhalten genau untersuchen.

In unseren Gedanken und Gefühlen muss etwas sein, was dem Erlebten genau entsprechen muss. Es gibt keine Zufälle und jede Zelle unseres Körpers schwingt. Diese Schwingung entspricht unserem Denken, Fühlen und Handeln. Das, was wir erleben, haben wir also selbst mit erschaffen. Das ist Resonanz.

Wir sollten aufhören, anderen die Schuld für unsere persönlichen Verfehlungen zu geben, und anfangen, die Ursachen für diese Verfehlungen bei uns selbst zu suchen, damit wir uns und anderen vergeben können. Tun wir das nicht, werden wir immer wieder mit dieser Art der Schwingung konfrontiert und immer wieder ähnliche Erlebnisse haben.

Hinzu kommt, dass wir Gedanken der Rache oder des Hasses an uns binden und so den Charakter unserer Persönlichkeit formen. Dieser Teil ist dann immer in uns enthalten und will mit Energie versorgt werden.

Das kostet Kraft und bringt Unruhe. Wie viel Kummer und Leid hat die Unfähigkeit zu vergeben schon hervorgebracht! Ganze Kriege sind daraus entstanden und entstehen noch heute. Ein Mensch sollte immer in der Lage sein, sich selbst und seinem Nächsten in Liebe zu vergeben. Kann er das nicht, wird er immer die Schuld für seine schlechten Erlebnisse bei anderen suchen.

So lässt sich jedoch kein innerer Frieden finden. Nur wenn wir unabhängig von anderen Menschen selbstbewusst unsere Lebensumstände akzeptieren, werden wir frei und erkennen, dass wir für alles, was uns an guten und schlechten Dingen im Leben begegnet, allein die volle Verantwortung tragen. So führen wir ein selbstbewussteres Leben, das wir frei aus uns selbst heraus gestalten.

Kapitel 9

Der Glaube

„Es ist aber der Glaube eine feste Zuversicht auf das, was man hofft, und ein Nichtzweifeln an dem, was man nicht sieht."

(Hebräer 11,1)

Laut diesem Bibelzitat ist der wahre Glaube ein Ergebnis spiritueller Weiterentwicklung und Selbstverwirklichung. Die fünf Sinne des menschlichen Körpers – das Sehen, Schmecken, Hören, Riechen und Fühlen – sind für die Wahrnehmung unserer Umgebung geschaffen, während der Glaube nicht an dem zweifelt, was diesen Sinnen verborgen ist.

Viele Menschen glauben erst dann, wenn sie eine materielle oder physikalische Auswirkung erfahren können. Viele Menschen verknüpfen also eine Sinneserfahrung mit ihrem Glauben. Sie glauben etwas erst, wenn sie es sehen. Manchmal noch nicht einmal dann. Andersherum ist es jedoch auch möglich: Trotz festen Glaubens an eine Sache findet man manchmal keinerlei Anzeichen dafür in der materiellen Welt.

Warum ist das so und was ist mit den Dingen, an die wir glauben?

Manchmal müssen wir erkennen, dass wir uns selbst etwas vormachen und dass es noch nicht der richtige Zeitpunkt für die Erfüllung unseres Wunsches ist.

Vielleicht fehlt uns noch eine wichtige Erkenntnis und wir müssen noch einige Ursachen, die in unserem Leben wirken, verstehen.Vor allem aber sollten wir bereit sein, in unserem Leben etwas zu verändern. Wir sollten bereit sein, die Umstände unseres Lebens mit anderen Augen und voller Selbstverantwortung betrachten. Wir sollten uns klar werden, dass wir allein für unser Leben und die daraus resultierenden Lebensumstände, an die wir ja auch glauben, verantwortlich sind.

Wird uns das klar und können wir das akzeptieren, werden wir die Verantwortung für uns selbst und unser Leben übernehmen können. Wir können das von uns Gewünschte nur halten, wenn wir bereit sind und wenn wir glauben. Alles, was im Leben geschieht, entspricht meinem Glauben, denn wir leben in einem System von Ursache und Wirkung.

Die Bibel schreibt im Brief des Jakobus dazu:
„Glaube ohne Werke ist tot."

Viele von uns neigen dazu, dem Glauben an eine Idee oder ein Gefühl keine Taten folgen zu lassen. Wir glauben nur für einen winzig kleinen Moment an uns und unsere Idee. Dann verwerfen wir wieder alles.

Der Glaube in uns wird jedoch Stück für Stück wachsen und zu einem festen Fundament in uns. Wenn der Glaube groß genug ist, wird er sichtbar in einem Werk, das ihm entspringt. Bleiben wir untätig, sollten wir uns fragen, was der Grund dafür ist. Wir sollten uns fragen, woran wir glauben. Die Ideen, an die wir glauben, müssen nicht immer groß und beeindruckend sein.

Es können ganz alltägliche Dinge sein wie ein gutes Essen zu kochen oder einen Spaziergang zu unternehmen. Es gibt viele Ausdrucksformen des Glaubens – positiv wie negativ. Alles scheint letztlich eine Sache des rechten Glaubens, der in guten Absichten mündet. Dabei funktioniert Glaube in verschiedene Richtungen. Ich kann also gute Dinge erschaffen oder das Gegenteil.

Jetzt stellt sich für jeden von uns die Frage: Was habe ich bisher in meinem Leben erschaffen? Es spielt keine Rolle, ob dies bewusst oder unbewusst geschah. Der Glaube an etwas entspricht einer Schwingung, die, von uns bewusst oder unbewusst ausgesandt, auf uns wirken wird.

Kapitel 10

Das Wort

„Einmal entsandt, fliegt das Wort unwiderruflich dahin."

Horaz

Das Evangelium nach Johannes beginnt wie folgt: „Am Anfang war das Wort und das Wort war bei Gott und Gott war das Wort.“ Alles wurde durch das Wort geschaffen und ohne das Wort konnte nichts entstehen. Im Wort war das Leben und dieses Leben war das Licht für die Menschen. Das Licht strahlt in der Dunkelheit, aber die Dunkelheit hat sich ihm verschlossen.

Dem Wort wird in den heiligen Schriften vieler Religionen eine herausragende Bedeutung beigemessen. Das Wort ist Ausdruck unseres Denkens und unserer Emotionen. So gesehen ist es ein großer Teil unserer Persönlichkeit.

Das Wort ist letztendlich aber auch nur eine Hilfe, damit wir uns mit anderen Menschen verständigen können. Fast alle Menschen haben vergessen, dass wir auch auf anderen Ebenen kommunizieren können.

Viele von uns haben sicherlich schon einmal ohne Worte gefühlt, wie es einem anderen Menschen geht. Betreten wir einen Raum mit anderen Menschen, die sich grade streiten, so ist diese Schwingung in der Luft für uns spürbar. Auf dieser Ebene des Fühlens und des Einstellens auf andere Menschen können wir ohne Worte erfahren, was sie fühlen oder welche Schwingungen uns grade umgeben.

Aber zurück zum Wort. Wir bilden beim Denken und beim Aussprechen der Wörter hörbare Gedankenformen. Sie sind etwas Lebendes, das wir aussenden. Benutzen wir gute und wohlwollende, also konstruktive Wörter, so wird uns in unserer Außenwelt Gutes und Wohlwollendes entgegenkommen. Sind es Wörter, die eher destruktiv sind, so werden unsere Erlebnisse auch irgendwann wohl eher destruktiv sein. Die Wörter werden früher oder später einen Einfl uss auf unser Leben nehmen. Ein ausgesprochenes Wort verstärkt noch das von uns Gedachte.

Wenn wir uns vorstellen, dass jeder Gedanke in ein Wort umgewandelt hörbar für uns ist und alles, was wir um uns herum als Umweltgeräusche wahrnehmen, unsere Zellen in Schwingung versetzt, so sollten wir sehr genau überlegen, welchen Einflüssen wir uns aussetzen.

Welche Musik hören wir, welche Filme sehen wir uns an, in welcher Umgebung halten wir uns auf? Alles was wir als Töne kennen, hat eine Schwingung und diese Schwingung ist wieder aufgeteilt in viele verschiedene Farben. Es gibt Menschen, die die Töne als Farben sehen und auch schmecken können. Es sind sogenannte Synästhetiker. Sie geben uns mit ihrer Andersartigkeit einen Einblick in die Wahrnehmung, die zwar jeder Mensch hat, meist jedoch nur unbewusst ist.

Die Fähigkeit der Synästhesie existiert zwar in uns, wir können sie aber noch nicht erfassen, da wir sie noch nicht selbstbewusst entwickelt haben. Ein Wort ist Klang, ein Klang ist Schwingung und diese Schwingung hat eine Farbe. Oft wird auch von Klangfarbe gesprochen. Welche Worte wir wählen und wie wir sie aussprechen, wird eine entsprechende Wirkung haben. Ob wir uns dessen nun bewusst sind oder nicht, spielt hierbei keine Rolle. Wie ist es mit der Musik? Sehen wir uns Fans von verschiedenen Musikrichtungen an.

Klassik drückt sich anders aus als Pop. Pop wiederum anders als Rock und Rock wiederum anders als Punk. Jede Musikrichtung hat aber ihren eigenen Klang und jeder Sänger hat eine andere Klangfarbe.

Jeder von uns hat mit Sicherheit eine Musikrichtung, die er besonders gerne hört. So können wir feststellen, dass wir uns wohlfühlen, wenn etwas unserer Schwingung entspricht. Wenn wir den einen oder anderen Musikstil nicht mögen, so werden wir kaum eine CD davon kaufen.

Welchen Klang hat unsere Stimme? Wie drücken wir uns aus? Sprechen wir liebevolle und wohlwollende Worte? Jeder von uns entspricht einer bestimmten Schwingungsfrequenz. Ein Wort oder ein Klang erreicht jede einzelne der zehn Billionen Zellen des menschlichen Körpers und diese schwingen. Auch die Worte, die wir aussprechen, können viel über die Umstände, in denen Wir leben, zeigen. Wir sollten versuchen, uns immer liebevoll und gerecht auszudrücken.

Das ist ein guter Weg, um selbst so behandelt zu werden. Wenn wir Kritik an anderen Menschen üben, haben wir immer mehrere Möglichkeiten, das, was wir sagen möchten, entweder in einer liebevollen Klarheit oder in einer verletzenden Klarheit mitzuteilen.

Kapitel 11

Das Gebet

„Gebet ist das Atemholen der Seele."

Johann Wolfgang von Goethe

Das Gebet ist eine Ableitung vom deutschen Substantiv Bitte. In allen Ländern dieser Erde beten Menschen. Dabei spielt es keine Rolle, welcher Religion sie angehören. Das zeigt, welchen Stellenwert das Beten in allen Kulturen und Religionen dieser Erde hat.

Woran liegt das?

Beim Beten hoffen wir, dass unsere Bitte erhört wird und das von uns erwünschte durch Gott, Jesus, den Heiligen Geist, Maria oder an wen auch immer dieses Gebet gerichtet ist, erfüllt wird. Wir bitten um Hilfe und Unterstützung. Jeder möchte durch das Gebet ein bestimmtes Ziel erreichen und hat es dabei ganz klar vor Augen. Beim Beten erschaffen wir Gedankenformen, die einer ganz klaren Absicht entsprechen, und erfüllen sie mit Energie, damit sie ihren Zweck erfüllen.

Wir erschaffen also bewusst oder oftmals noch unbewusst eine Form, deren Inhalt unserer Bitte entspricht.

Haben wir nun vorher unser Bewusstsein erweitert und unsere ganze Aufmerksamkeit auf das Gebet fokussiert, so befinden wir uns auf einer anderen Schwingungsfrequenz. In dieser Frequenz erzeugen wir Gedankenformen, die liebevoller und kraftvoller sind als nur eine flüchtige Emotion oder ein kurzer Gedanke. Wenn wir dann noch im Einklang mit dem Willen Gottes beten, so wird dieses Gebet alle Grenzen durchbrechen. Das Gebet ist also ein kraftvoller Schlüssel für unser Vorankommen und das Gelingen unseres Plans.

Ein Gebet sollte immer aus dem Herzen kommen. Denn im Herzen finden wir die Schnittstelle der materiellen und der spirituellen Welt. Ein Gebet aus dem Herzen hat immer eine sehr große Resonanz und ist sehr kraftvoll.

Das Heart Meath Institute in den USA hat herausgefunden, dass die Schwingung in unserem Herzen 5.000 Mal höher ist als in anderen Bereichen unseres Körpers wie z. B. unserem Gehirn. Wir haben die Möglichkeit, klar, rein und zentriert zu werden, um die Übungen, Tätigkeiten oder unsere Arbeit zu beginnen.

Natürlich können wir das Gebet laut, leise oder auch nur in Gedanken sprechen. Das ist nicht wichtig. Aber die Schwingung und die Resonanz, die wir erzeugen, wenn wir von Herzen beten, ist bedeutend für das Erreichen unserer Ziele und Wünsche. Nachfolgend steht ein Gebet. Es wird von vielen Menschen, die auf der Suche nach der Wahrheit sind, täglich gebetet.

Es dient der Einstimmung auf einen anderen Geisteszustand, der für das Beten äußerst wichtig ist. Das Vaterunser wurde hier etwas abgewandelt. Wir können dieses Gebet sprechen oder auch andere, selbst erdachte.

Vater unser, der du bist im Himmel
geheiligt werde dein Name
Dein Reich komme
Dein Wille geschehe
wie in den Himmeln so auch auf Erden
Unser tägliches Brot gib uns heute
und vergib uns unsere Schuld
so wie auch wir vergeben unseren Schuldnern
und führe uns in der Versuchung
und erlöse uns von dem Bösen
denn dein ist das Reich und die Kraft
und die Herrlichkeit in Ewigkeit
Amen

Kapitel 12

Die Innenschau

„Das Glück was wir im Außen suchen, werden wir nur in unserem Innersten finden können. “

Jens Behrman

Die Innenschau dient dem Zweck, unser Inneres zu erforschen. Hier können wir die Ursprünge unserer Gedanken und der daraus resultierenden Verhaltensweisen finden. Da unsere Verhaltensweisen sowohl auf der gedanklichen als auch auf der emotionalen Ebene existieren, geht es bei der Innenschau darum, die destruktiven Gedanken und Verhaltensweisen aufzuspüren und sie dann liebevoll durch konstruktive zu ersetzen. In der Innenschau findet also eine Reinigung statt.

Alles, was uns gedanklich und emotional in unserem Sein einengt und beherrscht, begrenzt unser Leben. In jedem Fall macht es sich mit Mangel in den verschiedensten Lebensbereichen bemerkbar. Nun könnten wir denken, dass ja Mangel auch eine Form von Fülle ist. Ja, das ist wahr, aber das ist Fülle in seiner destruktiven Form – sei es nun Krankheit, finanzielle Not, schlechte Beziehungen oder was immer es sein mag.

Konstruktive Fülle drückt sich immer positiv aus, also in Gesundheit, finanzieller Freiheit, guten Beziehungen und vielem mehr. In der Innenschau haben wir die Möglichkeit, uns von allen Gedanken und Emotionen, die uns belasten, zu befreien. Wenn unser Keller im Haus voll ist, so sollten wir ihn aufräumen. Genauso sind viele Menschen voll von destruktiven Gedanken und Emotionen.

Aber wie sollen wir herausfinden, ob dies bei uns der Fall ist, wenn wir nicht nach innen gehen und unseren Keller ausmisten und unsere destruktiven Gedanken und Emotionen erforschen? In der Innenschau haben wir die Möglichkeit, unser Gewissen zu erleichtern und uns von unseren Begrenzungen zu befreien.

Emotionen und Gedanken, die uns einschränken, entspringen immer dem Egoismus unserer Persönlichkeit. Nutzen wir die Chance der Innenschau und befreien uns von allen Beschränkungen, die uns das Leben schwer machen. So machen wir Platz für etwas Besseres und Höheres in unserem Leben.

Wir gehen der inneren Weisheit unserer Seele entgegen und verbinden uns Stück für Stück wieder mehr mit dem Ursprung unseres Seins – mit der natürlichen Fülle, die jeder in sich trägt und die jeder von uns ist.

In den Übungen finden wir eine Anleitung wie wir den inneren Weg beschreiten können.

Kapitel 13

Die Meditation

„Meditation ist das Reinigen des Geistes und Herzens vom Egoismus; durch diese Reinigung entsteht das richtige Denken, das allein den Menschen vom Leid befreien kann."

Krishnamurti, Vollkommene Freiheit

Der Begriff Meditation ist vom lateinischen meditatio und dem Verb meditari (nachdenken, nachsinnen, überlegen) abgeleitet. Die wiederum ist mit den lateinischen Begriffen mederi (heilen), medicina (Heilkunst) sowie den griechischen Ausdrücken μέδομαι bzw. μήδομαι (denken, sinnen) verwandt. Die Meditation ist eine in vielen Kulturen und Religionen ausgeübte spirituelle Praxis und nimmt eine zentrale Rolle in der Entwicklung des erweiterten Bewusstseins des Menschen ein. In östlichen Kulturen gilt sie als eine grundlegende und zentrale bewusstseinserweiternde Übung.

Die angestrebten Bewusstseinszustände werden je nach Tradition unterschiedlich beschrieben. So wird der Zustand in der Meditation als Einssein oder im Hier und Jetzt sein empfunden. Man spricht auch von einer Situation der Stille oder Leere.In der Meditation wenden wir uns von unserer Persönlichkeit ab, um dem Göttlichen begegnen zu können. So lernen wir, den Geist, einige sagen auch den Heiligen Geist, in uns zu sammeln und zu konzentrieren, und geben ihm die Möglichkeit, in uns zu wirken.

Es ist das Öffnen für das Empfangen tieferer Wahrheiten und Weisheiten, die unsere Persönlichkeit und unser Egoismus nicht wahrnehmen würden. Wir lernen durch verschiedene Übungen Achtsamkeit, Konzentration, Beobachtung und Unterscheidung. Meditieren wir regelmäßig, wirkt sich das entspannend auf unseren gesamten Organismus aus. Deshalb wird diese Technik auch in der westlichen Medizin immer öfter empfohlen, da die Wirkung auf unseren Organismus messbar ist.

Wenn wir die Atmung vertiefen, reguliert sich unser Herzschlag, wir entspannen unsere Muskeln und neurologisch ist es messbar, dass sich unsere Hirnströme verändern. Die Meditation ist für die Innenschau sehr wichtig, da wir nur in der selbstbewussten Meditation erkennen werden. So ist in einer Meditation überaus wichtig, sich ein Ziel zu setzen. Wir sollten aktiv sein und nicht passiv auf etwas warten.

Der Geist braucht sich in der Meditation nicht zu beruhigen, da der Geist immer ruhig ist. Vielmehr sollten sich Persönlichkeit und Emotionen beruhigen, damit der Geist sich sammelt und somit besser in uns wirken kann. So bekommen wir mehr Klarheit über unsere Emotionen und Gedanken.

Sammelt sich der Geist in uns, so werden wir unvermittelt mehr Liebe und Ruhe in uns spüren. Dies verändert oft die Sichtweise auf viele Umstände in unserem Leben. So wird unser Bewusstsein erweitert und in diesem erweiterten Bewusstsein sollten wir ganz bewusst beginnen, konstruktive Dinge für uns zu erschaffen. Erst hier können wir das, was uns einengt, erkennen und dann beginnen, es zu verändern.

Eine gute Meditation sollte nicht länger als 10 bis 15 Minuten dauern. In dieser Zeit können wir uns konzentrieren, achtsam sein und beobachten. Dauert eine Meditation länger, besteht die Möglichkeit, dass wir abschweifen und aus einer Meditation eine Fantasiereise wird, die sicherlich auch spannend sein kann, aber nichts mit dem Erschaffen der eigenen Wünsche und Wirklichkeiten zu tun hat.

Wenn wir destruktive Gedanken aufspüren möchten, sollten wir in einer Meditation immer nach der Wahrheit streben. Möchten wir Bilder für uns kreieren, die uns unterstützen sollen, so konzentrieren wir uns, atmen im richtigen Rhythmus und visualisieren das von uns Gewünschte. Wir malen ein wundervolles Bild und lassen es immer klarer und deutlicher in uns werden.

Wir lassen es real werden und fühlen, hören, sehen, riechen und schmecken alles genau so, als ob es real wäre. In einer Meditation ist alles möglich und das von uns Kreierte wird sich in unserem Leben früher oder später bemerkbar machen, wenn wir konzentriert und fokussiert in der Meditation sind.

Allerdings kann der Zeitrahmen nicht bestimmt werden. Er hängt von unserer persönlichen Entwicklung ab und davon, wie gut wir einschränkende Gedankenformen aufspüren und uns davon befreien. Wir sollten selbstverständlich nie versuchen, andere Menschen aus egoistischen Motiven heraus mit unseren kreierten Wünschen zu beeinflussen.

Kapitel 14

Das Visualisieren II

„Vorstellungskraft ist die Vorschau auf die kommenden Attraktionen des Lebens."

Albert Einstein

Wie schon zuvor beschrieben ist das Visualisieren eine Übung, mit der wir lernen, uns während der Meditation zu konzentrieren und durch unsere Gedanken kristallklare Bilder entstehen zu lassen. Durch das Visualisieren können erstaunliche Dinge in uns und für uns geschehen. Wir haben die Möglichkeit, durch das selbstbewusste Visualisieren bessere Gesundheit oder Lebensumstände herbeizuführen. So konnte sich ein polnischer Cellist durch das Visualisieren von seiner durch einen Gehirntumor verursachten Lähmung teilweise heilen.

Die Ärzte hatten eine bleibende Lähmung diagnostiziert. Da sich der Cellist jedoch nicht damit abfinden wollte, praktizierte er das ganze Wochenende lang Visualisierungsübungen und spielte klassische Musik dazu. Als dann die Ärzte wieder zur Visite kamen, bewegte er zu ihrer größten Verwunderung sein rechtes Bein.

Nach einiger Zeit war er wieder in der Lage, ein Konzert zu geben. Visualisieren ist die Sprache des Universums, des Göttlichen. Durch das Visualisieren haben wir die Möglichkeit, selbstbewusst geistige Bilder zu gestalten. Gedankenformen, die wir mit Bildern verknüpfen und die bewusst von uns kontrolliert werden, sind sehr mächtig. Sie sollten nur zu unserer persönlichen Bewusstseinserweiterung und für Menschen in Not konstruktiv und helfend eingesetzt werden.

Konsequent durchgeführt helfen die Übungen in diesem Buch dabei, die Konzentration und das Beobachten zu perfektionieren um schließlich selbstbewusst zu visualisieren.

Mit den Übungen können wir kristallklare Bilder entstehen lassen. Wir sollten diese Fähigkeit sehr weise anwenden, denn einmal erschaffen werden diese Gedankenformen unsere Wünsche erfüllen. Je weniger wir nach dem Erschaffen einer Gedankenform an sie denken, desto besser kann sie sich entfalten und wirken.

Wir sollten also nichts erschaffen, worüber wir später stolpern könnten, nur weil ein Wunsch in uns so groß war, dass wir ihm unüberlegt erlegen sind. Wir sollten also unsere Begierden und Wünsche genau prüfen.

Kapitel 15

Die Konzentration

„Wer lernt, sich auf sein wahres Selbst zu konzentrieren, wird sich Umwege ersparen. “

Jens Behrmann

Konzentration bedeutet, dass wir uns in eine Sache so sehr vertiefen, dass wir alle anderen Gedanken und alle äußeren Einflüsse vergessen. Wir haben nur noch ein Ziel, auf das wir uns konzentrieren. In dieser Situation sind wir dieser Gedanke. Wenn wir uns Kinder beim Spielen ansehen, bemerken wir, dass sie oft so ins Spiel vertieft sind, dass sie äußere Reize nicht wahrnehmen.

Sich konzentrieren zu können ist im Grunde eine natürliche und sehr wichtige Eigenschaft. Wir sollten diese Fähigkeit ganz bewusst weiterentwickeln. Je konzentrierter wir unsere Gedanken auf einen Punkt fokussieren, desto weniger sind wir abgelenkt. Das hat zur Folge, dass wir bewusst im Jetzt sind.

Das ist für das Erschaffen von kraftvollen Gedankenformen sehr wichtig.

Ein gutes Beispiel dafür sind die Shaolin-Mönche. Sie konzentrieren alle Gedanken auf eine bevorstehende Handlung wie z. B. das Werfen einer Nadel durch eine Glasscheibe. Sie üben in einem hohen Maß die Kontrolle auf ihre Gedanken aus, fokussieren alle Energie in ihrem Inneren auf die bevorstehende Handlung und werfen dann die Nadel mit unglaublicher Geschwindigkeit auf die Glasscheibe.

Zu unserem Erstaunen geht die geworfene Nadel durch die Scheibe hindurch und kommt auf der anderen Seite wieder heraus. Durch Konzentration und Bewegung in Verbindung mit der Handlung sind uns die erstaunlichsten Dinge möglich.

Wir können also aus dem Beispiel lernen, dass das Üben der Konzentration auf einen bestimmten Punkt ein durchschlagendes Ergebnis hervorrufen kann. Wollen wir unsere Konzentrationsfähigkeit erhöhen, so ist es für jeden von uns wichtig, unsere Gedanken, die sehr vielschichtig sind, zu einem Gedanken werden zu lassen und uns dabei von störenden Gedanken zu befreien. Es sollte still in uns werden, damit sich unser Bewusstsein erweitern kann.

So wird sich ein breites Spektrum von Möglichkeiten eröffnen, die uns noch unerreichbar erscheinen. Durch Konzentration in der Meditation bemerken wir sehr schnell, ob wir destruktive oder positive Gedanken haben. Sind wir in der Meditation oder im täglichen Leben unkonzentriert, so werden wir das von uns angestrebte Ziel nur unter großen Mühen oder gar nicht erreichen. In diesem Buch findet sich auch eine Übung zur Steigerung der Konzentrationsfähigkeit.

Bei regelmäßiger Anwendung können wir uns bald auf einen Punkt und eine bestimmte Handlung konzentrieren.

Kapitel 16

Die Beobachtung

„Wenn wir die kleinen Dinge in unserem Leben nicht beobachten und wahrnehmen, wie wollen wir dann größere Zusammenhänge, die aus dem Kleinen entstehen und in unserem Leben wirken, erkennen? “

Jens Behrmann

Beobachtung bedeutet, Situationen, Umstände oder die Umgebung zielgerichtet und aufmerksam wahrzunehmen. Dies sollte uns ganz leicht fallen und ohne Anstrengung geschehen. Wir sollten die Gabe der Beobachtung immer mehr verfeinern. Sie ist ein natürlicher Zustand, den jeder Mensch bewusst für sich nutzen sollte. Die Entwicklung des Beobachtens ist immens wichtig für unser Leben.

Haben wir gelernt, ohne Anspannung zielgerichtet das Beobachtete in der Erinnerung genau anzusehen, so können wir uns mit dem Gesehenen verbinden und es auf einer völlig anderen Bewusstseinsebene wahrnehmen. Wir können uns auf die mit dem Gesehenen verbundenen Empfindungen einstimmen.

Verfeinern wir die Gabe des Beobachtens immer mehr, sind wir eines Tages in der Lage, Gefühle, Gedanken und noch vieles mehr anderer Lebewesen wahrzunehmen. Wir fühlen, was sie fühlen. Durch Beobachtung können wir uns auf unsere Umgebung einstimmen. Durch das Einstimmen auf einen Menschen können wir zum Beispiel fühlen, was dieser Mensch fühlt, welche Umstände in ihm wirken und ihn ausmachen. Die Beobachtung geht mit der Konzentration einher.

Die folgende Übung hilft, Hürden im Leben zu nehmen und gewünschte Veränderungen herbeizuführen.

Sie dient dazu, unsere Sinne zu wecken, sie weiterzuentwickeln und wachsam zu sein. Wir gehen zunächst an einen ruhigen Ort zu Hause oder unternehmen einen Spaziergang im Park oder im Wald.

Wir vergewissern uns, dass wir allein sind oder zumindest nicht gestört werden. Wir setzen uns fünf Minuten lang still hin und atmen. Wir atmen vier Sekunden oder vier Herzschläge lang ein und im gleichen Rhythmus wieder aus. Wenn wir das Gefühl haben, dass unsere Sinne einen bewussteren Zustand erreicht haben, stehen wir auf und beginnen, sehr langsam umherzugehen.

Wir fangen an, jede Einzelheit um uns herum zu betrachten. Wir sehen uns die Farben, die Formen und alle Gegenstände genau an. Wir versuchen, sie mit allen Sinnen zu erfassen, sie zu fühlen, sehen, riechen und vielleicht auch zu hören. Wir betrachten alles ganz genau und versuchen zu erfahren, was womit in Verbindung steht.

Wir prägen uns so viele Einzelheiten ein, wie es uns möglich ist, und machen uns mit unserer Umgebung ganz bewusst vertraut. Dieser Spaziergang sollte nicht länger als 15 Minuten dauern. Dann kehren wir zu unserem Ausgangspunkt zurück und entspannen uns erneut. Wir versuchen nun, in unserer Erinnerung die Umgebung, in der wir uns befunden haben und von der wir so viele Eindrücke gesammelt haben, wieder lebendig werden zu lassen. Wir visualisieren die erlebte Umgebung in allen Einzelheiten.

Diese Übung sollten wir jeden Tag machen und uns so mehr und mehr mit der Umgebung vertraut machen. Nach einigen Tagen werden wir bemerken, wie wir immer mehr Einzelheiten in unserer Erinnerung immer deutlicher sehen können.

Vielleicht können wir sogar Geräusche hören, Düfte riechen und Farben sehen. Wir entdecken immer mehr Dinge, die wir am Anfang noch nicht wahrgenommen haben, und stellen fest, dass wir alles immer genauer in unserer Erinnerung abrufen können. Wenn es uns ganz leicht fällt, die Szenerie vor unserem inneren Auge zu betrachten, setzen wir uns still auf einen Stuhl und bleiben etwa 15 Minuten sitzen. Wir schauen uns alles ganz aufmerksam und bewusst aus unserer Erinnerung an.

Wenn wir uns auf dieses Bild eingestimmt haben, versuchen wir, dieses vielschichtige Bild zu betreten, umherzulaufen und Teil dessen zu werden. Diese Übung sollten wir in einem Zyklus von zwei Wochen machen und dann eine neue Umgebung wählen. Diese machen wir uns wieder vertraut und prägen sie uns ein. Nach einigen Monaten können wir uns viele Szenen ins Bewusstsein rufen, die wir uns eingeprägt haben.

Wir versuchen dann, uns auch Szenen aus unserer Vergangenheit in Erinnerung zu rufen. Wir machen sie lebendig und gehen in ihnen umher. Es kann auch passieren, dass die Vergangenheit ihre eigenen Bilder malt und wir uns entspannt zurücklehnen können. So können wir unser Bewusstsein täglich in allen Situationen des Alltags ausdehnen – auf dem Weg zur Arbeit, beim Einkaufen oder wo immer es uns gefällt.

Kapitel 17

Die Kontemplation

„Der Weg auf dem wir gehen, sollte von uns aufmerksam beobachtet werden, damit wir unsere Schritte rechtzeitig korrigieren können."

Jens Behrmann

Kontemplation kommt vom lateinischen Wort contemplare (anschauen, betrachten). Sehen wir uns das Wort contemplare einmal genauer an.

Die Silbe con zeigt an, dass etwas miteinander verbunden ist oder wieder zusammengebracht wird. Der Mittelteil, also die Silbe templ, ist eine uralte Silbe, die aus dem Sanskrit kommt und Maß bedeutet. Wir kennen das Maß in vielen verschiedenen Formen wie z. B. dem Tempo (es ist das Maß der Geschwindigkeit) oder der Temperatur (das Maß der Wärme).

Auch im Wort Tempel ist eine Maßeinheit versteckt. Die Römer beobachteten den Vogelflug in einem vorher abgegrenzten Bereich des Himmels.

Das templum ist also das Maß des Himmels, in dem alles immer in Ordnung ist. Diese natürliche Ordnung wollten sie dann durch das Schauen auf die Erde bringen. Die ersten Tempel auf Erden sind uralte Steinkreise, zu denen die Menschen gingen. Es wurde hier die Beziehung zwischen Himmel und Erde sowie der göttlichen Ordnung mit dem täglichen Leben dargestellt.

Die Silbe atio(n) zeigt eine Handlung an, die ständig wiederholt wird, wir gehen also täglich in die Innenschau.

1. Kontemplation soll die Beziehung zwischen der Innenschau und der Ordnung im täglichen Leben darstellen. Wir setzen uns also im täglichen Leben der göttlichen Ordnung aus, um uns nach ihr auszurichten.

2. Wir sollen unser Leben nach der Kontemplation ausrichten. Das bedeutet, dass wir uns täglich der Innenschau widmen und daraus abgeleitet handeln sollten. Die Verwirklichung durch die Tat schließt die Kontemplation ein. Im Leben sollten wir immer wieder Stille finden, um innerlich klar zu sein und aus ihr heraus zu handeln. Alle Handlungen sollen sich aus der Stille, die wir in der Kontemplation finden, herleiten. In der Stille ordnet sich in uns alles. Verhält man sich so, führt man ein kontemplatives Leben.

Bekannt ist die Kontemplation auch als mystischer Weg in der westlichen Tradition. So wird ein kontemplativer Zustand als das Erreichen eines erweiterten Bewusstseins beschrieben. Dies erreichen wir, wenn unsere Gedanken ganz auf einen liebevollen Gott ausgerichtet sind. Lange waren die Mystiker im Christentum sehr umstritten. Sie wurden zwar geduldet, waren aber auch heftiger Kritik ausgesetzt.

Wer sich in der Kontemplation übt, übt sich darin, Gott zu lauschen und zu erfahren. Das Ziel der Kontemplation ist es, sich dem Geist Gottes zu öffnen, um eine tiefe Gotteserfahrung zu erleben. Durch die verschiedenen Jahrhunderte hindurch wurde die Kontemplation von vielen klerikalen Persönlichkeiten geprägt.

Sehr bekannt sind zum Beispiel Hildegard von Bingen, Johannes vom Kreuz, Meister Eckardt oder auch Teresa von Àvila. Aber auch noch heute wird die Lehre der Kontemplation weitergegeben. Vertreter sind hier vor allem Williges Jäger und Anselm Grün.

Das Wissen, das sich in der Kontemplation einstellt, ist ein inneres Wissen, das nicht rational erklärbar ist. Wir wissen nichts und wissen doch alles. In der Kontemplation müssen wir lernen zu unterscheiden, was in unserem Verstand Fantasie ist und was einer höheren Wahrheit entspricht.

Ist es etwas, was sich nicht in uns verfestigt hat und ein wenig durcheinander ist, so wird es mit Sicherheit aus unserem Verstand kommen und uns eher verwirren, als Klarheit bringen. Es können sich dann die falschen Phänomene aus unserer Fantasie zeigen. Diese werden aber niemals so klar und eindeutig sein, wie die wahren Erlebnisse aus einem erweiterten Bewusstsein. Es ist wichtig, das für sich selbst zu unterscheiden.

Kapitel 18

Das Atmen

„Das richtige Atmen ist für uns wie das Trinken von klarem Wasser aus einer Bergquelle im Sommer. Trinken wir davon fühlt sich unser Körper erfrischt und ist voller neuer Lebenskraft. “

Jens Behrmann

Bei unserer Geburt atmen wir den ersten Atemzug ein und bei unserem Tod atmen wir den letzten Atemzug aus. Dazwischen sind sich die meisten Menschen ihrer Atmung und ihres Atemrhythmus nicht bewusst. Dabei ist der richtige Rhythmus beim Atmen extrem wichtig. Er kann uns ausgeglichen machen, kann zu mehr Wohlbefinden und zu einer verbesserten Vitalität führen. Falsches Atmen kann uns sogar schaden.

Atmen wir flach, so nehmen wir zu wenig Sauerstoff und somit auch weniger Energie auf. Es hat sich eine ganze Atemkultur gebildet und es gibt so viele Atemübungen, dass man den Überblick verlieren kann. Etwas so Natürliches muss wieder kultiviert werden. Man kann drei verschiedene Formen des Atmens unterscheiden.

Das unbewusste Atmen, das die meisten von uns machen, das gezielte Atmen und das erfahrbare Atmen, das uns lehrt, das Atmen ganz bewusst in unserem Körper zu erfahren und als etwas Natürliches wahrzunehmen. Greifen wir in unseren Atemrhythmus ein, sollten wir das sehr vorsichtig und bedacht tun. Atemübungen werden in allen Kulturen überall auf der Welt angewendet, zum Beispiel in Therapien, beim Yoga, im Schamanismus oder bei vielen religiösen Handlungen.

Das richtige Atmen sollte immer eine wohltuende, entspannende und vitalisierende Wirkung auf unseren gesamten Organismus haben und unsere Selbstheilungskräfte anregen. Das geschieht, indem wir mit dem Sauerstoff die Geistsubstanz in uns aufnehmen.

Durch das bewusste Atmen finden wir unser inneres Gleichgewicht wieder und fühlen uns wie neu geboren. Ist dies nicht der Fall, so atmen wir sicher nicht richtig. Meistens atmen wir zu flach. Es gibt viele Atemtechniken aus verschiedenen Kulturkreisen. Für uns Europäer sind manche nicht so gut geeignet. Vor allem, wenn wir keine Übung im bewussten Atmen haben.

Es ist wichtig zu verstehen, dass jeder Mensch seinem Kulturkreis von Geburt an angehört und die Sitten und Gebräuche dieses Kulturkreises annimmt. Wir sollten uns also zunächst darauf besinnen, welche Techniken wir in unserem Kulturkreis finden. Wir sollten Atemübungen vorsichtig ausprobieren, da jeder Mensch ein sehr feines Nervensystem hat und alles genau aufeinander abgestimmt ist. Überlasten wir es mit Atemübungen, für die es noch nicht bereit ist, können wir unserem Nervensystem schaden.

In diesem Buch gibt es auch einige Beispiele, um den richtigen Atemrhythmus zu finden. Mit dem richtigen Atemrhythmus überfordern wir uns nicht, denn durch das bewusste Atmen und das Visualisieren können wir viele Dinge regulieren. Das richtige Atmen ist für unseren Organismus sehr wichtig. Ein ausgewachsener Mensch besteht aus ca. 50 Billionen Zellen.

Alle diese Zellen stehen in Kommunikation miteinander und sollten möglichst im Gleichgewicht sein. Sind Zellen aus dem Gleichgewicht, kann das gesamte System Schaden nehmen. Wenn wir uns vorstellen, dass jeder Gedanke, jedes Wort und alles, was wir um uns herum als Umweltgeräusche wahrnehmen, unsere Zellen in Schwingung versetzen, so sollten wir sehr genau überlegen, welchen Einflüssen wir uns aussetzen.

Genauso verhält es sich mit unserem Chakren-System. Es handelt sich um ein empfindliches, feinstoffliches System, das in einer ausgewogenen Balance sein sollte. Wir finden sie auf der materiellen Ebene als Scheiben und auf der ätherischen Ebene als Kugeln. Jeder von uns hat die Möglichkeit, durch Atmen und Visualisieren sein Chakren-System in Balance zu halten. Es wird heutzutage viel zu viel von außen mit uns gearbeitet. Eingriffe sind in der Regel nicht notwendig und die Reinigung der Chakren ist sehr einfach. Im Buch findet sich eine Übung zur Reinigung der Chakren.

Kapitel 19

Das Herz

„Im Herzen eines Menschen ruht der Anfang und das Ende aller Dinge."

Tolstoi

Das Herz ist nicht nur ein wichtiges Organ, es ist auch das innere Zentrum eines jeden Lebewesens. Den Kern im Zentrum können wir mit unseren Augen nicht sehen. Aber hier liegt die Schnittstelle zu höher schwingenden Welten. Das Herz ist das spirituelle Zentrum unseres Lebens.

Hier finden wir die wahre und einzige Kirche, in der nichts verborgen ist und von der wir alles über unser Sein erfahren können. Hier ist die Liebe, die nicht beurteilt und nicht verurteilt. Hier ist das Tor zu unserer Seele oder das Nadelöhr, durch das wir gehen müssen, um wieder eine bewusste Verbindung zu unserem wahren Sein herzustellen.

Das Zentrum unseres Seins zu spüren, sich seiner gewahr zu werden und eine selbstbewusste Verbindung mit ihm einzugehen ist unsere Hauptaufgabe, denn in diesem Zentrum werden wir vieles über uns und das Leben finden.

Im Matthäusevangelium heißt es:

„Selig sind die, die ein reines Herz haben, denn sie werden Gott schauen ."

Wenn wir unser spirituelles Herz finden, so werden wir die Freude und die Glückseligkeit der Liebe, die wir in uns tragen, unweigerlich entdecken. Bevor Jesus ging, gab er uns ein Gebot: ***„Liebt einander, so wie ich euch geliebt habe."*** (Johannesevangelium 15,12)

Das geht nur aus dem Herzen und nur dann, wenn wir erkennen, dass wir das nur erreichen werden, wenn wir unser spirituelles Zentrum im Herzen entdecken.

Nur so werden wir beginnen, unseren Nächsten so zu lieben, wie Jesus es meinte. Hierfür ist es notwendig, nach innen zu gehen und zu meditieren. Darum ist es von größter Wichtigkeit, liebevolle und mitfühlende Gedanken zu haben. Mit solchen Gedanken beginnen wir, den Weg zum Herzen und zu unserem wahren Sein zu beschreiten. Ohne diese Liebe, die wir dort finden, ist alles, was wir erreichen, ohne Wert.

Im ersten Korintherbrief sagt Paulus alles, was es darüber zu sagen gibt:

„Wenn ich in den Sprachen der Menschen und Engel redete, hätte aber die Liebe nicht, wäre ich dröhnendes Erz oder eine lärmende Pauke. Und wenn ich prophetisch reden könnte und alle Geheimnisse wüsste und alle Erkenntnisse hätte; wenn ich alle Glaubenskraft besäße und Berge damit versetzen könnte, hätte aber die Liebe nicht, wäre ich nichts.

Und wenn ich meine ganze Habe verschenke, und wenn ich meinen Leib dem Feuer übergebe, hätte aber die Liebe nicht, nützte es mir nichts. Die Liebe ist langmütig, die Liebe ist gütig. Sie ereifert sich nicht, sie prahlt nicht, sie bläht sich nicht auf. Sie handelt nicht ungehörig, sucht nicht ihren Vorteil, lässt sich nicht zum Zorn reizen, trägt das Böse nicht nach.

Sie freut sich nicht über Unrecht, sondern freut sich an der Wahrheit. Sie trägt alles, glaubt alles, hofft alles, hält allem stand. Die Liebe hört niemals auf. Prophetisches Reden hat ein Ende, Zungenreden verstummt, Erkenntnis vergeht.

Denn Stückwerk ist unser Erkennen, Stückwerk unser prophetisches Reden; wenn aber das Vollendete kommt, vergeht alles Stückwerk. Als ich ein Kind war, redete ich wie ein Kind, dachte wie ein Kind und urteilte wie ein Kind.

Als ich ein Mann wurde, legte ich ab, was Kind an mir war. Jetzt schauen wir in einen Spiegel und sehen nur rätselhafte Umrisse, dann aber schauen wir von Angesicht zu Angesicht. Jetzt erkennen wir unvollkommen, dann aber werde ich durch und durch erkennen, so wie ich auch durch und durch erkannt worden bin. Für jetzt bleiben Glaube, Hoffnung, Liebe, diese drei; doch am größten unter ihnen ist die Liebe."

Alles hier Beschriebene finden wir in unserem Herzen wieder. Der Weg dorthin führt über liebevolle, mitfühlende Gedanken. Nur wenn wir unseren Egoismus mit unserem Denken umwandeln und beginnen, einen liebevollen Charakter zu formen, werden wir diesen Weg des inneren Herzens beschreiten können und von hier ausgehend im Leben wirken.

Wir können uns viel vornehmen, unsere Wut, unseren Ärger und viele schlechte Eigenschaften für eine Zeit unterdrücken: Trotzdem werden sie immer noch da sein und zu gegebener Zeit wieder hervorkommen. Denn sie sind ja nicht überwunden.
So machen wir uns und anderen nur etwas vor und sind nicht ehrlich zu uns selbst.

Wir müssen zu dem stehen, was zu uns gehört, und das, was uns in unserer Persönlichkeit immer wieder Schwierigkeiten bereitet, erkennen und verwandeln. So wird Hass in Liebe verwandelt, Mitleid in Mitgefühl, Kummer in Freude und Feindschaft in Freundschaft. All das wird uns zu einem Menschen machen, der ein strahlendes Beispiel für andere sein kann, weil er sich von einer Raupe in einem Schmetterling verwandelt hat.

Kapitel 20

Die drei Körper

„Wenn deine Augen sich öffnen und du lernst, bewusst mit dem Geist zu erfahren, wirst du entdecken, dass du mehr bist als du es jetzt vermutest. “

Jens Behrmann

Jeder Mensch besteht aus drei Körpern oder Teilen. Alle diese Körper sind immer von Geistsubstanz durchdrungen. Es sind unsere drei Körper, durch die die Geistsubstanz wirkt. Je feinstofflicher diese Körper sind, desto mehr selbstbewusstes Sein ist in ihm. Es ist der physische, also materielle, Körper. Mit ihm drücken wir uns in der materiellen Welt aus.

Dann gibt es noch den psychischen oder Emotionalkörper. Hier finden wir alle unsere Emotionen und unsere Wünsche wieder. Dann ist da noch der geistige oder mentale Körper, hier können wir all unsere Gedanken des Verstandes wiederfinden. Alle Körper sind miteinander verbunden und interagieren.

Den materiellen Körper können wir sehen. Er ist in seiner Grundform immer gleich, egal ob wir nun dick oder dünn sind. Er wächst aus einem Samen und einer Eizelle zu einem Embryo zu einem ausgewachsenen Menschen heran und folgt hierbei einem festgelegten Bauplan.

Wir nehmen aber mit unseren Gedanken, Emotionen und Gefühlen Einfl uss auf unseren materiellen Körper. Sie bewirken, welchen Ausdruck wir von uns selbst erschaffen. In unserem Emotionalkörper finden wir alle unsere Gedankenformen wieder. Sie werden hier gespeichert und wirken von dieser Ebene auf uns ein. Das zeigt sich in unseren Emotionen. Sie werden hier 1:1 widergespiegelt.

Unsere Betrachtungsweise der Welt wird entscheidend von unseren Emotionen geprägt. Alles, was wir jemals an guten und schlechten Gefühlen hatten, wird hier gespeichert und wirkt sich von dort auf unser Leben aus. In der Innenschau befassen wir uns mit unserem Emotionalkörper und finden hier alle unerlösten Gefühle und Empfindungen wie Wut, Eifersucht, mangelnder Selbstwert, also alle Formen der Angst. Natürlich finden wir hier auch alle guten Emotionen in uns. Das, was wir auf dieser Ebene erschaffen haben, wird immer wieder an die Oberfläche kommen.

Durch unseren Emotionalkörper strahlen wir alles, was uns bewegt, durch die Schwingungen, die wir hier erzeugen, in unsere Umwelt aus. So kreieren wir immer wieder Situationen und treffen immer wieder auf Menschen, die uns zeigen, was in uns noch erlöst werden will. Das ist Resonanz. Wir können keine Emotionen zurückhalten, die noch nicht erlöst sind. So werden wir z. B. immer wieder auf Mangel stoßen, auch wenn wir in unseren Gedanken Fülle wollen.

Der Emotionalkörper mit seinen Gedankenformen, die wir selbst erschaffen haben, wird das nicht zulassen, wenn die Schwingung der Gedankenformen im Emotionalkörper nicht diese Entsprechung besitzt. Das, was wir bewusst oder unbewusst als Schwingung ausstrahlen, wird bestätigt. Deshalb ist es so wichtig, dass wir erkennen, was uns belastet. Wie es in der Einleitung bereits heißt, müssen wir der Schwingung unseres Wunsches entsprechen, um ihn zu erfüllen.

Überwiegt eine gegenteilige Schwingung, bleibt der Wunschunerfüllt. Deshalb ist es von so großer Wichtigkeit, dass alle Gedanken, mit denen wir alle Formen für unser Leben erschaffen, von großer Klarheit und nicht emotional sind. Erstens sind emotionale Gedanken weniger klar und damit weniger kraftvoll und zweitens bringen uns ungezügelte Emotionen in große Schwierigkeiten.

Denken wir nur an die Werbung, die unsere Emotionen ganz gezielt und direkt anspricht. Werbung versucht, unsere mentale Stärke zu umgehen und uns so zum Kauf des beworbenen Produktes zu animieren. Gelingt dies, handeln wir unbewusst aus einer künstlich hergestellten Emotion heraus, die im schlimmsten Fall gar nichts mit unserer eigenen Realität zu tun hat. Wir werden verführt, weil wir unbewusst diese Gedankenformen mit Energie aufladen und sie so beginnen, in uns zu wirken. Je mehr Menschen das zulassen, desto erfolgreicher ist das beworbene Produkt.

Bei unseren Emotionen handelt es sich um ein sehr ausgewogenes und empfindliches System. Alles ist aufeinander abgestimmt. Wenn wir in dieses System eingreifen, sollten wir das sehr vorsichtig tun. Verändern wir zu viel auf einmal, kann das gesamte System zusammenbrechen. So können wir unseren Charakter verbessern, selbstbestimmter werden und nach und nach unsere gesamte Schwingung verändern.

Wir formen also einen guten und festen Charakter, der gute und liebevolle Gedanken ausstrahlt. Auf diese Weise wird mehr Licht durch uns strahlen. Sind es destruktive Gedanken, verdunkeln wir den Ausdruck von uns selbst und werden weiter im Dunkeln umherirren. Wegen unseres Egoismus können wir das Licht oft nicht sehen. Kommen wir nun zu unserem mentalen Körper. Hier finden wir alle Gedanken und Ideen von uns wieder und durch ihn gelangen höhere Weisheiten in unsere Persönlichkeit. Je klarer unsere Persönlichkeit ist, desto besser werden wir empfangen können.

Haben wir unseren Emotionalkörper aufgeräumt, werden wir klarer empfangen. Beim Mentalkörper geht es um das Empfangen und Verstehen höherer Weisheiten, die wir in unser Leben integrieren können. Je weniger Resonanz wir zu destruktiven Gedankenformen haben, desto mehr wird unser Schwingungsmuster einer höheren und weiseren Wahrheit entsprechen und umso mehr werden wir uns selbst und andere Menschen verstehen.

Alle hier beschriebenen Körper sind umgeben und durchdrungen vom sogenannten ätherischen Doppel. Ohne dieses ätherische Doppel, das ein genauer Abdruck von uns auf den verschiedenen Ebenen des Lebens ist, könnten wir nicht existieren. So umgibt und durchdringt uns das ätherische Doppel unseres materiellen Körpers vollständig. Es ragt etwa 30 Zentimeter über unseren Kopf hinaus. Alle unsere Kleider sind mit in diesem ätherischen Doppel enthalten und spiegeln sich auf dieser Ebene wider.

Es ist farbig und man kann hindurchsehen. Da es sich beim ätherischen Doppel um etwas Feinstoffliches handelt, wird es von den meisten Menschen nicht wahrgenommen. Es ist aber wichtig zu wissen, das es existiert. Denn wenn wir unser

Bewusstsein erweitern wollen, gehört es dazu, da wir hier die Geistsubstanz, also die Vitalität, die wir für unser Leben benötigen, speichern. Haben wir genug Vitalität angesammelt, ist es uns ohne Weiteres möglich, diese Lebenskraft, die wir durch ganz bewusstes Atmen aufnehmen können, an andere weiterzugeben, ohne unsere eigenen Energiereserven aufzubrauchen.

Jeder sollte bei seiner Arbeit darauf achten, seine Reserven nicht aufzubrauchen und sich gegebenenfalls zwischendurch zu erholen. Hierbei spielt es keine Rolle, welcher Arbeit man nachgeht. Lebenskraft tut jedem von uns gut und es ist einfach, sie bewusst aufzunehmen. Im Übungsteil wird gezeigt, wie man einfach und schnell an Vitalität hinzugewinnt.

Kapitel 21

Die Dankbarkeit

„Wäre das Wort „Danke“ das einzige Gebet, das Du je sprichst, so würde es genügen.“

Meister Eckart

Der Schlüssel zur Freude ist die Dankbarkeit. Sie ist eine tiefe innere Haltung dem Leben gegenüber. Uns wurde das Leben geschenkt und mit der Dankbarkeit würdigen wir diese Gabe. Wir haben in vielen Situationen die Möglichkeit, dankbar zu sein. Haben wir keine Freude in uns, so können wir in schwierigen Situationen nicht fragen, welche Gelegenheit uns das Leben in diesem Moment gibt.

Sicher können wir nicht für alles im Leben dankbar sein. Es gibt Kriege, Gewalt und Tod oder andere Dinge, die nicht gut sind. Aber trotz dieser schlechten Dinge haben wir täglich die Gelegenheit, dankbar zu sein. Wir können uns über unser Essen freuen, darüber, dass wir gesund sind, uns selbst versorgen können und vieles mehr. Sind wir aufmerksam und dankbar, können wir auch in schwierigen Situationen, in denen wir uns nicht freuen, viel leichter fragen, warum wir mit dieser Situation konfrontiert werden.

Sind wir für jede gute Situation in unserem Leben dankbar, so üben wir, diese Dankbarkeit in allen Lebenssituationen anzuwenden. Die Dankbarkeit ist eine ungeheure Kraft, durch die unser Leben auch trotz seiner Schwierigkeiten freudiger und schöner wird. Indem wir unserem Leben etwas Positives geben, geben wir auch der Welt etwas Positives, da wir eine dankbare Haltung einnehmen und somit anderen Menschen mit größerer innerer Freude begegnen.

Die Dankbarkeit begleitet uns stets, deshalb sollten wir ihr stets Beachtung schenken. Wir können sowohl für die

Vergangenheit als auch die Gegenwart dankbar sein. Für die Zukunft können wir das nicht, aber wenn wir im Jetzt dankbar sind für alle Situationen, die uns begegnen, so werden wir uns eine Vergangenheit voller Dankbarkeit schaffen, die unser eigenes Leben und das anderer Menschen bereichert. Sind wir dankbar, empfinden wir mehr Freude und sind glücklich, und glückliche Menschen werden die Welt besser machen.

Kapitel 22

Die Demut

„Ich vermag nicht einzusehen, wie man Demut ohne Liebe oder Liebe ohne Demut habe oder haben könne."

Theresa von Ávila

Das Wort Demut kommt aus dem Althochdeutschen diomioti und bedeutet dienstwillig. Es handelt sich hier also um die Gesinnung eines dienenden Menschen. Im christlichen Sinne meint es die innere Haltung, äußere Gegebenheiten klaglos hinzunehmen, weil man darin den Willen Gottes erkennt, der sich uns noch nicht offenbart hat.

Demütige Menschen fügen sich vertrauensvoll in die wie auch immer gearteten Umstände. Vielen Mystikern zufolge ist die Demut eine Voraussetzung für christliches Leben und eine Voraussetzung, sein Selbst vollkommen zu überwinden und wahren Frieden zu erlangen, der uns eine andere Betrachtungsweise unserer Mitmenschen erlaubt.

Geleitet von Einfachheit und Reinheit werden wir die Natur Gottes in jedem Lebewesen erkennen. Im christlichen Glauben nimmt die Demut eine zentrale Rolle ein. Nur wenn all unser Streben mit Demut einhergeht, leben wir mit Gottes Segen.

Kapitel 23

Das Handeln

„Es nützt nichts, nur ein guter Mensch zu sein, wenn man nichts tut!“

Buddha

Alles, was wir bisher gelesen haben, hat sich jetzt in uns verfestigt und gibt uns eine Ahnung davon, wie wir unser Leben verändern können. Das war bisher aber nur die Theorie. Lesen und Denken bleiben so lange Theorie, bis wir beginnen zu handeln. Erst so werden wir uns die Möglichkeiten, die sich uns bieten, auch nutzen können. Wenn sich uns eine Gelegenheit bietet, ist es wichtig, sie genau zu prüfen und dann angemessen zu handeln. Wir können nicht darauf warten, dass etwas passiert.

Wir müssen selbst handeln. Je besser unsere Handlungen durchdacht sind und je sicherer wir uns der Handlungen, die wir ausführen, sind, desto besser werden die Ergebnisse sein, die wir erzielen. Bei allen wichtigen Handlungen sollten wir zunächst in uns gehen und uns darüber bewusst werden, welche Konsequenzen unser Handeln für uns und andere Menschen und Situationen haben kann.

Was sind unsere Motive und warum möchten wir so handeln? Schaden wir auch niemandem, auch uns selbst nicht? Wenn das der Fall ist, sollten wir nicht mehr warten. Wir sollten natürlich den richtigen Zeitpunkt für unser Handeln wählen. Ein ungünstiger Zeitpunkt kann in einem Moment alles zunichtemachen. Dann wollten wir vielleicht gut handeln, aber der Zeitpunkt war nicht weise gewählt.

Also sollten wir manchmal abwarten und den richtigen Zeitpunkt abpassen. Auch wenn das nicht immer einfach ist. Ein gutes Beispiel ist der Autokauf. Viele Menschen kaufen sich ein Auto, obwohl der Zeitpunkt nicht richtig ist.

Sie sind dann jedoch emotional schon an ihren Wunsch gebunden und die Emotion treibt sie immer wieder zu dem Wunsch: Dieses Auto muss ich jetzt haben. Der Zeitpunkt ist zwar nicht gut, aber irgendwie wird es schon gehen. Dann kaufen sie auf Raten oder Leasen das begehrte Objekt, obwohl sie genau wissen, dass der Zeitpunkt ungünstig ist. Aber die Emotion ist stärker als die Vernunft.

Dann haben sie das Auto und freuen sich darüber, aber irgendwie auch nicht, weil sie genau wissen, dass sie nicht richtig gehandelt haben. Sie haben gegen ihre innere Weisheit gehandelt und das macht sich jetzt über das schlechte Gewissen bemerkbar. So kommuniziert unsere Seele mit uns. Sie zeigt sich ganz oft im schlechten Gewissen unserer falschen Handlungen, auch wenn wir sie noch nicht ausgeführt haben. Genauso bestärkt sie uns, wenn wir etwas machen, was richtig ist.

Wir haben dann ein durchweg gutes Gefühl hinsichtlich unserer Absicht. Gedanken können uns stören, die unser Handeln blockieren, und wir unterlassen es, das Richtige zu tun. Es ist also nicht immer einfach, richtig zu handeln. In welcher Situation auch immer. Aber genau das zu lernen und in die Stille zu gehen und alles ganz genau zu prüfen, ist der richtige Weg, um alle Hindernisse aus dem Weg zu räumen.

Wir sollten unbedingt auf unser Gewissen hören und vor allem danach handeln. Tun wir das nicht, wird es irgendwann unangenehme Folgen für uns und eventuell andere Menschen haben.

Um es auf eine einfache Formel zu bringen:

Gutes Handeln
Klares Denken + gute Absicht + betrachten + richtiger Zeitpunkt = gutes Ergebnis und gute Emotionen für uns

Schlechtes Handeln
Emotionen bestimmen unser Denken + falsche Absichten + nicht betrachten wollen + falscher Zeitpunkt = schlechtes Ergebnis und schlechte Emotionen für uns

Dies gilt für alle Bereiche unseres Lebens.

Kapitel 24

Übungen

Im richtigen Rhythmus atmen

Den richtigen Rhythmus zu finden ist sehr wichtig. Wie schon im Kapitel über das Atmen beschrieben, unterstützt uns das Atmen dabei, mehr über unser Sein zu erfahren.

Bei jeder hier beschriebenen Übung sollte der Bauch zu drei Vierteln mit Luft gefüllt werden. Im Anschluss sollten auch die Lungen zu drei Vierteln mit Luft gefüllt werden. Dann füllen wir den Bauch ganz mit Luft und danach die Lungen.
Es gibt sehr viele verschiedene Atemrhythmen. Sicher haben alle ihre Berechtigung und haben das Ziel, den Übenden zu unterstützen.

Wir wollen hier folgende Rhythmen einüben:

Rhythmus 3:3
Rhythmus 4:4
Rhythmus 6:6
Rhythmus 8:8
Rhythmus 12:12

Wir atmen so lange im Rhythmus 3:3, bis es uns ganz leichtfällt. Dann atmen wir im Rhythmus 4:4, bis wir uns daran gewöhnt haben. Dann üben wir den Rhythmus 6:6 oder 8:8, bis wir den für uns passenden Rhythmus gefunden haben. Wichtig bei jedem Rhythmus ist, dass wir beginnen, den Bauch halb mit Luft zu füllen, dann den Brustkorb füllen, dann wieder den Bauch und danach wieder die Lungen. Jeder Mensch hat einen anderen

Rhythmus und sollte deshalb den für ihn passenden finden. Die Atemübung ist sehr wichtig, da sie die Grundlage für viele nachfolgende Übungen bildet.

Eine grundlegende Meditation

Bei dieser Meditation, die immer zu Beginn einer Übung gemacht werden sollte, lassen wir die Sorgen des Alltags hinter uns und gleichen unseren Körper aus, um aus seiner Mitte heraus zu agieren. Wir suchen uns einen stillen Ort bei uns zu Hause oder auch in der Natur. Wir beginnen, uns zu entspannen und in einem uns angenehmen Rhythmus zu atmen. Wir fühlen unseren Körper in seiner Gesamtheit. Nun lenken wir unsere Aufmerksamkeit auf unsere Zehen.

Wir spüren, wie all unsere Aufmerksamkeit in den Zehen ist. Wir sind unsere Zehen. Dann gehen wir weiter und spüren unsere Fußsohlen. Wenn wir sie spüren, gehen wir weiter zu den Waden und dann zu den Knien. Wir fühlen die Knie, die Waden, die Knöchel, die Fußsohlen und die Zehen.

Wir atmen tief ein und wieder aus. Wir fühlen uns wohl und geborgen. Jetzt wandern wir bewusst weiter durch den Körper. Über die Oberschenkel und das Becken zum Bauch bis hin zum Solarplexus. Wir spüren die Lichtenergie und atmen tief ein. Wir beginnen, diese liebevolle und kraftvolle Lichtenergie, die in unserem Solarplexus, auch als Sonnengeflecht bekannt, leuchtet, bei jedem Einatmen zu sehen.

Sie durchstrahlt unseren ganzen Körper in Form einer Kugel und umgibt uns in einem Radius von 30 Zentimetern. Beim Ausatmen verlassen uns alle Gedanken der Angst. Alles Dunkle, jeder Zweifel verlässt uns mit jedem Ausatmen. Wir wünschen uns und allen Lebewesen nun gute Gesundheit für ihren materiellen Körper. Jetzt gehen wir weiter zum Brustkorb. Hier können wir ein leuchtendes, rosafarbenes Licht wahrnehmen.

Es kommt direkt aus unserem Herzzentrum und breitet sich als rosafarbene Lichtkugel immer weiter aus. Alle Emotionen und Sehnsüchte in uns verstummen. Wir sind vollständig auf unser Herzzentrum und die rosafarbene Lichtkugel, die sich immer weiter ausdehnt, konzentriert.

Wir dehnen die Lichtkugel immer weiter aus, bis sie den gesamten Planeten umgibt, und wünschen allen Lebewesen Geduld und Freude für ihr Leben.

Dann gehen wir weiter bis zu unserem Kopf. Wir lassen hier eine goldene Sonne in Form einer Lichtkugel entstehen. Alle trüben Gedanken verlassen uns. Es gibt für uns jetzt nur noch kreative und liebevolle Gedanken. Wir wünschen allen Lebewesen von hier aus Liebe und Frieden in ihren Gedanken. Wir atmen noch einmal tief ein und mit dem Ausatmen kommen wir wieder ganz in unserem Körper an.

Den Körper und seine Organe vitalisieren

Wir suchen uns einen bequemen und ruhigen Ort. Das ist besonders am Anfang hilfreich. Später, nach einiger Übung, ist es uns auch möglich, trotz störender Geräusche zu meditieren, weil wir konzentriert bei uns selbst bleiben können. Ob wir liegen oder sitzen, spielt keine Rolle.

Wir beginnen, uns langsam zu entspannen. Wir atmen ruhig und gleichmäßig ein und genauso ruhig und gleichmäßig wieder aus. Wir lassen die Sorgen und Belastungen von heute und die von gestern los. Wir entspannen unseren Körper und lassen unser Denken und all unsere Sinne zur Ruhe kommen. Wir atmen ruhig und gleichmäßig.

Wir beginnen jetzt, drei Herzschläge oder drei Sekunden lang durch die Nase einzuatmen. Zuerst atmen wir in den Bauch. Danach atmen wir in den Brustkorb und dann füllen wir den Bauch und den Brustkorb ganz mit unserem Atem. Dann atmen wir im gleichen Rhythmus wieder aus. Zuerst leeren wir den Bauch, dann den Brustraum und dann leeren wir den Bauch und den Brustraum ganz.

Jetzt beginnen wir, unsere Zehen zu fühlen. Wir konzentrieren uns ganz auf die Zehen. Wenn wir unsere Zehen spüren, gehen wir weiter und fühlen die Fußsohlen.

Hier verweilen wir einen Augenblick und wandern dann zu den Waden. Wir fühlen sie ganz bewusst und konzentrieren uns dann auf die Knie. Jetzt fühlen wir alles zusammen – die Knie, die Waden, die Knöchel, die Fußsohlen und die Zehen. So verweilen wir einen Augenblick. Dann gehen wir weiter zu den Oberschenkeln und spüren sie ganz deutlich. Wir wandern zu den Hüften, spüren die Verbindung der Beine und der Hüften.

Jetzt spüren wir den gesamten Unterkörper und stellen uns vor, wie dieser in ein strahlend weißes Licht eingehüllt ist und davon durchdrungen wird. Dann gehen wir weiter zum Bauch und spüren hier alle Organe, die dort vorhanden sind: Blase, Nieren, Leber, Darm, Milz, Galle usw.

Wir sehen, wie alle diese Organe von einem strahlenden weißen Licht durchdrungen werden. Jetzt wandern wir weiter zu unserem Solarplexus und spüren die Energie, die hier ist. Wir fühlen uns wohl und sind entspannt.

Wir konzentrieren uns nun auf unseren Brustraum. Wir durchfl uten alle Organe mit dem weißen strahlenden Licht – das Herz, die Lungen, das Zwerchfell usw.

Dann gehen wir zur Schilddrüse. Sie besteht aus zwei parallelen Lappen, die aussehen wie ein Schmetterling. Meist nehmen wir die Schilddrüse gar nicht wahr, da sie winzig im Vergleich zu anderen Organen ist.

Sie hat ihren Sitz unterhalb des Kehlkopfs vor der Luftröhre. Wir durchfl uten die Schilddrüse ebenfalls mit dem strahlenden weißen Licht und fühlen, wie gut es uns damit geht.

Dann wandern wir zu unseren Schultern, spüren sie und fühlen dann die Oberarme, die Armgelenke, die Unterarme, die Handgelenke und schließlich beide Hände mit allen Fingern.

Jetzt schauen wir mit dem inneren Auge und bemerken, dass der Bereich von der Schilddrüse mit den Schultern und Armen bis hin zum Solarplexus von einem himmelblauen Licht durchdrungen und umgeben ist.

Wenn wir das sehen, gehen wir wieder zur Schilddrüse und von dort aus den Hals hinauf bis zum Kopf. Wir fühlen den Kehlkopf, den Unter- und Oberkiefer, die Zähne, die Zunge, das Zäpfchen, den Mund mit seinen Lippen, die Nase, die Ohren, die Augen, die Stirn, das Gehirn mit allem, was darin ist, und schließlich den ganzen Kopf.

Wir lassen auch diesen Bereich von dem strahlend weißen Licht vollständig durchdringen. Wenn wir das Gefühl haben, dass es ausreichend war, sehen wir, wie unser Kopf von einem strahlenden, goldgelben Licht umgeben und durchdrungen ist.

Wir fühlen uns wohl und sind entspannt.

Jetzt schauen wir unseren gesamten Körper an. Er ist von den Füßen bis zum Beginn des Solarplexus in weißes Licht eingehüllt, der Bereich vom Solarplexus bis zur Schilddrüse und den Armen ist in ein strahlend blaues Licht eingehüllt und von den Schultern bis zum Kopf umgibt uns ein goldgelbes Licht.

Das Auffüllen mit Lebensenergie

Wir wählen einen Ort, an dem wir ganz für uns sein können. Besteht die Möglichkeit nicht, können wir die Übung trotzdem durchführen.

Wir setzen oder legen uns bequem hin und entspannen uns. Wir lassen alle Emotionen und Gedanken zur Ruhe kommen.

Dann beginnen wir, im Rhythmus 4:4 ein- und auszuatmen. Wir füllen zuerst den Bauch und dann die Lungen mit Luft. Dann leeren wir zuerst den Bauch und dann die Lungen, indem wir ausatmen. Nach ein paar Minuten beginnen wir, uns auf den Solarplexus zu konzentrieren. Wir können im Solarplexus Lebensenergie konzentrieren und speichern. Wir lassen jetzt mit jedem Einatmen eine himmelblaue Lichtkugel im Solarplexus entstehen.

Die Kugel wird mit jedem Einatmen größer, bis sie den Bereich des Solarplexus bis zu unseren Genitalien vollständig ausfüllt. Das himmelblaue Licht strahlt immer heller und heller. Alle dunklen Flecken, die im Bereich der blauen Kugel sind, werden beim Ausatmen ausgestoßen und verlassen uns. Nach einigen Minuten konzentrieren wir uns wieder ganz auf unseren Solarplexus und beginnen, von hier aus Lebenskraft in unser ätherisches Doppel zu leiten.

Wir stellen uns vor, dass uns diese transparente Hülle ganz durchdringt und umgibt, und füllen sie nun ganz bewusst mit

Lebensenergie. Wir sehen, wie die Hülle mehr und mehr mit Lebensenergie gefüllt wird. Das machen wir etwa fünf Minuten lang. Dann sind wir fertig. Es ist wichtig, diese Übung täglich zu praktizieren. Nach einer Weile wird es immer leichter, sich mit Lebensenergie aufzuladen.

Das Erschaffen einer Lichthülle

Wir sollten jeden Morgen und jeden Abend eine Lichthülle erschaffen. So ist es Gedanken anderer Menschen nicht so ohne Weiteres möglich, in uns hinein zu kommen. Außerdem sind wir so immer und überall gut geschützt. Es kann uns keine Energie verloren gehen, die wir für uns benötigen. Wir können diese Übung morgens durchführen, bevor wir den Alltag beginnen.

Wir atmen im Rhythmus 3:3 und entspannen unseren Körper. Wir lassen alle Emotionen zur Ruhe kommen. Jetzt lassen wir in unserem Bauchraum mit jedem Einatmen eine weiße Kugel aus Licht entstehen.

Mit jedem Einatmen wird diese Kugel größer und heller. Mit jedem Ausatmen lassen wir alle Gedanken der Sorgen, des Kummers, alles, was uns belastet, gehen. Beim Einatmen wird die Lichtkugel immer und immer größer, bis sie unseren Körper wie eine ovale Hülle ganz umgibt und durchdringt. Jetzt atmen wir das weiße Licht aus dieser Hülle ein und atmen alle belastenden Gedanken aus.

So atmen wir ganz bewusst fünf Minuten lang. Auf diese Weise befreien wir uns von belastenden Gedanken und Gefühlen.

Das Herz – Zentrum unseres Seins

Wir setzen oder legen uns bequem hin. Wir lassen alle belastenden Gedanken los und machen uns frei von den Sorgen des Alltags. Wir beginnen, im Rhythmus 4:4 zu atmen.

Dann konzentrieren wir uns auf unsere Zehen.

Wir spüren erst die Zehen des rechten Fußes und dann die des linken Fußes. Dann spüren wir die Fußsohlen beider Füße. Wenn wir das können, wandern wir weiter und spüren die Knöchel. Dann spüren wir beide Füße – die Knöchel, die Fußsohlen und die Zehen. Danach konzentrieren wir uns auf die Knie und spüren sie. Dann wandern wir über die Oberschenkel weiter zum Becken. Wir spüren die Hüften und die inneren Organe.

Wir fühlen uns wohl und sind entspannt. Wir werden leichter und leichter. Dann konzentrieren wir uns auf den Solarplexus. Wir spüren die Energie, die in ihm ist. Wir verweilen einen Moment und gehe dann zum Brustraum.

Wir spüren, wie perfekt unsere Lungen arbeiten. Unser Brustkorb bewegt sich in einem perfekten Rhythmus auf und ab. Wir atmen ein und aus. Das Atmen fällt uns ganz leicht und wir fühlen uns wohl. Dann wandern wir zur Schilddrüse und von dort zu den Schultern.

Wir spüren beide Schultern, dann die Oberarme, die Armgelenke, die Unterarme, die Handgelenke und schließlich alle Finger beider Hände. Dann gehen wir wieder zurück zu unseren Schultern. Von hier aus gehen wir zum Hals und weiter zum Kopf.

Wir spüren den Unterkiefer, den Mund, die Zähne, Zunge, Wangen, den Oberkiefer, die Nase, Augen, Ohren, die Stirn, vielleicht sogar unsere Haare.

Dann begeben wir uns in unser Gehirn. Von hier aus sehen wir, wie der ganze Körper in ein strahlend weißes Licht eingehüllt und davon durchdrungen wird.

Wir atmen dieses weiße Licht mit jedem Atemzug ein. Das machen wir zwölfmal. Dann konzentrieren wir uns auf unser Herz. Hier lassen wir mit jedem Einatmen eine rosafarbene Lichtkugel entstehen.

Sie wird mit jedem Einatmen größer und größer, bis sie uns schließlich auf der Höhe des Brustraums völlig durchdringt und uns rundherum etwa 15 Zentimeter umgibt. Wir verweilen mit unserer Aufmerksamkeit in dieser wundervollen rosafarbenen Lichtkugel. Sie ist mit unserem Herzen verbunden.

Wir spüren in sie hinein und fühlen die Liebe, die in ihr ist.

Wir betrachten dieses Zentrum als das Zentrum unseres irdischen Seins. Wir fühlen, welch große Kraft von diesem Zentrum ausgeht, wie wir mit Liebe überfl utet werden, und erkennen, dass wir alles, was wir suchen, hier finden können.

Jetzt lassen wir die Liebe, die wir empfinden, sich ausbreiten. Sie breitet sich über unseren gesamten Körper aus, geht in den Raum, in dem wir sind, geht weiter in das gesamte Haus, das Grundstück, dann breitet sich die Liebe über den Ort aus, an dem wir uns befinden, breitet sich weiter aus auf das ganze Land, auf die ganze Erde und erreicht jedes Lebewesen der Erde. Jeder, der diese Liebe aufnehmen möchte, wird es jetzt tun. Wir wünschen allen Geschöpfen Liebe und inneren Frieden.

Dann kehren wir langsam in die rosafarbene Kugel zurück. Wir spüren wieder den Körper, alle Glieder und strecken die Arme und Beine aus. Wir kommen wieder ganz zu uns und öffnen die Augen. Diese Übung hilft uns und allen Lebewesen der Erde, mehr Liebe und Freude zu empfinden. Wichtig ist, dass wir alle Menschen immer selbst entscheiden lassen, ob sie diese Liebe annehmen möchten oder nicht. Wir stellen sie nur zur Verfügung. Wenn jemand sie nicht möchte, so sollten wir das respektieren.

Jeder Mensch hat seine Zeit und sollten wir mit unseren Handlungen einen Menschen mit unseren Absichten, seien sie auch noch so nobel, beeinflussen, so kann es sein, dass er eine wichtige Erfahrung nicht machen kann, was diesen Menschen vielleicht in seinem eigenen Lernprozess zurückwirft.

Wir halten ihn vielleicht mit unseren guten Absichten auf.

Die Stille in uns finden

Wir atmen tief und entspannen uns. Wir atmen in einem uns angenehmen Rhythmus. Wir lassen alle Gedanken los, die Belastungen des Alltags spielen jetzt keine Rolle mehr. Unser ganzes Sein richtet sich mehr und mehr nach innen. Alle Geräusche der Umwelt verlieren ihre Wirkung und wir achten nur noch auf unseren Atem. Langsam konzentrieren wir uns auf unser Herz. Wir spüren, wie es schlägt und unseren Körper am Leben erhält. Es schlägt präzise wie ein Uhrwerk.

Jeder Schlag bringt uns näher mit diesem Uhrwerk zusammen. Unser ganzes Bewusstsein richtet sich auf unser Herz aus. Wir fühlen die Gegenwart, die Ruhe und Stille, die von unserem Herzen ausgehen. Nichts kann uns jetzt aus der Ruhe bringen. Wenn möglich verweilen wir 15 Minuten in dieser Stille und kehren dann langsam in die Realität zurück.

Vergeben und Frieden finden

Zu vergeben und Frieden in sich zu finden sind wohl zwei der wichtigsten Eigenschaften, die man sich aneignen sollte. Können wir nicht vergeben, bleiben wir an Menschen und Situationen gebunden. Wir sind dann nicht frei und finden keinen Frieden.

Frieden zu finden ist sehr wichtig, um beim Meditieren nicht von Gefühlen aus der Bahn geworfen zu werden. Deshalb ist der liebevolle Umgang mit allen Situationen, in denen man sich mit Menschen und seiner gesamten Umwelt befindet, von großer Bedeutung. Wenn wir in Frieden mit uns und in uns sind, erweitern wir unser Leben um eine wertvolle Eigenschaft.

Wir beginnen mit der grundlegenden Meditation und setzen oder legen uns bequem hin. Alle Gedanken, die kommen, gehen auch wieder. Nach und nach lassen wir die Gedanken los.

Der Alltag geht und alles, was uns heute beschäftigt hat, verliert seine Wichtigkeit. Wir entspannen uns immer mehr. Wenn wir entspannt sind, beginnen wir, im Rhythmus 4:4 zu atmen. Alles, was uns noch stört, atmen wir mit jedem Atemzug aus.

Wir fühlen uns immer wohler und konzentrieren uns auf unseren Atem. Mit jedem Einatmen lassen wir eine Kugel aus weißem Licht in unserem Bauch entstehen. Alles Dunkle verlässt uns mit dem Ausatmen und geht in die Atmosphäre. Das weiße, strahlende Licht der Kugel in uns wird immer größer und umgibt uns nach und nach vollständig.

Die Kugel nimmt langsam die Form eines Ovals an, in dessen Zentrum wir uns befinden. Wir atmen tief und ruhig im Rhythmus. Wir visualisieren jetzt eine rosafarbene Kugel in unserem Brustraum. Sie wird größer und größer, bis sie uns auf der Höhe des Brustraums vollständig umgibt und durchdringt. Wir fühlen Ruhe und Frieden in uns.

Dann fangen wir an, ein Bild zu visualisieren. Wir gehen über eine Wiese, die über und über mit schönen, leuchtenden Blumen bedeckt ist. Es ist ein wundervoller Tag. Es ist warm und der Himmel ist blau. In der Ferne sehen wir das Meer und können es rauschen hören. Vielleicht können wir das Meer sogar riechen.

Wir gehen weiter und sehen einen schönen Strand, auf den wir jetzt zugehen. Dann erreichen wir den Strand, legen uns vielleicht in den Sand und schauen auf das Meer.

Es ist türkisfarben. Wir liegen am Strand und die Sonne wärmt unsere Haut. Wir fühlen den warmen Wind in unseren Haaren, fühlen uns wohl und sind entspannt.
Nach einer Weile entschließen wir uns, im ruhigen, klaren Meer schwimmen zu gehen. Wir stehen auf und gehen langsam in das angenehm warme Wasser, bis wir ganz darin sind und anfangen zu schwimmen.

Jeder Schwimmzug fällt uns leicht und wir schauen beim Schwimmen bis auf den Meeresgrund. So klar ist das Wasser. Vielleicht sehen wir einige Fische, Meeresschildkröten oder Delfine. Alle Bewohner des Meeres sind uns freundlich gesonnen.

Wir schwimmen immer weiter und fühlen uns so wohl und geborgen wie schon lange nicht mehr. Nach einer Weile beschließen wir, uns im Wasser umzudrehen und auf den Strand zu schauen. In einiger Entfernung sehen wir ein oder mehrerer Menschen am Strand. Wir können sie noch nicht genau erkennen, haben aber das Gefühl, sie zu kennen.

Wir schwimmen an den Strand zurück. Stück für Stück kommen wir näher, bis wir Boden unter unseren Füßen spüren und das Wasser verlassen. Jetzt bemerken wir, dass wir die Menschen kennen. Es sind Menschen, mit denen wir Streit hatten, und vielleicht sind es auch Menschen, die uns nicht wohl gesonnen waren oder uns sogar geschadet haben. Vielleicht sind es auch Menschen, denen wir nicht wohl gesonnen waren und denen wir geschadet haben.

Trotzdem begegnen wir uns jetzt liebevoll und voller Verständnis. Wir lächeln uns an und schauen uns liebevoll in die Augen, umarmen uns und verzeihen uns alles, was wir einander angetan haben und was zu Unstimmigkeiten zwischen uns geführt hat. Was es auch ist. Es fühlt sich gut an und ist eine wohltuende Befreiung. Wenn wir noch andere Menschen an diesem Strand sehen, dann machen wir das Gleiche mit ihnen. Wir vergeben uns das, was wir uns angetan haben.

Wenn wir damit fertig sind, gehen wir an die Stelle am Strand, an der wir am Anfang lagen. Wir legen uns noch einmal allein dorthin und schauen aufs Meer, das ruhig und klar vor uns liegt. Die Sonne spiegelt sich darin.

Dann schauen wir noch einmal in den klaren und strahlend blauen Himmel. Wir füllen uns hier noch einmal vollständig mit der Energie des Geistes auf. Wenn wir das Gefühl haben, völlig aufgefüllt zu sein, gehen wir wieder zur Wiese hinter dem Strand. Wir gehen über die Wiese zurück und erinnern uns an die rosafarbene Kugel voller Liebe. Jetzt sind wir in dieser Kugel. Wir beginnen, unseren Körper zu spüren. Die Beine, die Arme, dann den ganzen Körper.

Langsam und in unserem Tempo kommen wir wieder in unserem Körper an, öffnen die Augen und nehmen uns und unsere Umwelt wieder vollkommen wahr.

Das Aufspüren von destruktiven Gedanken und Emotionen

Diese Übung ist dazu gedacht, uns belastende Emotionen und Gedanken aufzuspüren und aus unserem Emotionalkörper oder aus unserem mentalen Körper herauszunehmen. Haben wir Ängste, Wut, Phobien oder Süchte, so unterstützt uns diese Übung dabei, uns von diesen Emotionen und Gedanken zu lösen.

Wichtig ist, das, was wir während der Übung aufspüren, durch etwas Positives zu ersetzen. Hierzu stellen wir uns vor, wie wir eine weiße Kugel aus Licht erschaffen, die Eigenschaften hat, die wir anstelle der destruktiven in unserem Leben haben wollen. Wir können sie auch in die Kugel hineinschreiben.

So ersetzen wir z. B. Feindschaft durch Freundschaft, Selbstzweifel durch Selbstwert, Hass durch Liebe usw. Wir lassen die Kugel von Gott segnen und erklären, dass sie nicht gegen unseren freien Willen verstößt.

Dies ist vor allem wichtig, wenn wir etwas für andere Menschen tun wollen. Wir erschaffen die weiße Kugel, statten sie mit der Eigenschaft aus, lassen sie von Gott segnen und erklären, dass sie nicht gegen den freien Willen des Menschen, für den sie gedacht ist, verstößt. Dann senden wir sie dem Menschen, der sie erhalten soll.

Ist dieser Mensch nicht bereit, das, was wir ihm senden, anzunehmen, wird die Lichtkugel dennoch einen Abdruck in seiner Aura hinterlassen. Ist der Zeitpunkt dann gekommen, diese Eigenschaft in sich entwickeln zu wollen, wird der Abdruck ihn unterstützen und schneller voranbringen. Wir beginnen mit der grundlegenden Meditation. Wir stellen uns beim Einatmen vor, wie eine weiße Kugel in unserem Bauch entsteht.

Mit jedem Einatmen wird diese weiße Kugel immer größer. Mit jedem Ausatmen entlassen wir alle Dunkelheit aus unserem Inneren, aus unserem Mund, aus unserem Körper.

Mit jedem Einatmen wird die weiße Kugel aus Licht größer, bis sie uns ganz durchdringt und völlig einhüllt. Sie umgibt uns wie eine ovale Hülle und durchdringt unseren ganzen Körper und umgibt uns bis etwa 30 Zentimeter um unseren Körper herum.

Wir atmen ruhig und fühlen uns wohl und gut aufgehoben. Alle Gedanken werden still. Alle Gedanken sind still. Jeder Gedanke beruhigt sich in uns. Unsere Aufmerksamkeit gilt nur noch dem Ein- und Ausatmen. Jetzt, da es ganz still in uns geworden ist, beginnen wir zu fühlen, welche Emotionen an die Oberfläche kommen.

Wir beobachten ganz genau und konzentriert, welche Emotionen jetzt da sind. Wir erlauben jedem Gefühl, an die Oberfläche zu kommen, und betrachten es wie ein Bild. Wenn wir das Gefühl erkannt haben, tauschen wir es gegen etwas aus, was uns unterstützt. Dann beginnen wir, unseren Körper zu fühlen. Unsere Zehen, die Beine, den Bauch und Oberkörper, den Kopf und die Arme und Finger. Wir spüren uns wieder ganz und kehren aus der Meditation zurück. Was ist geschehen? Wenn wir Emotionen gespürt haben, die uns belasten und von denen wir noch nichts wussten, so sind es unbewusste Gedankenformen, die in uns wirken und unbewusst einen Teil unserer Handlungen im täglichen Leben bestimmen.

Viele Menschen sprechen von sogenannten Glaubenssätzen.

Sie sind für uns erlebbar, und wenn wir uns ihrer bewusst werden, haben wir jetzt die Möglichkeit, an ihnen zu arbeiten und etwas in uns zu verändern, damit wir die Grundlage für etwas Besseres schaffen, von dem wir wissen, dass es konstruktiv ist und uns nützt.

Reinigung unserer Chakren im materiellen Bereich

Diese Übung ist dazu gedacht, unsere Chakren auf der materiellen Ebene zu reinigen. Die drei Chakren, mit denen wir bisher gearbeitet haben, befi nden sich auf der ätherischen Ebene. Viele Kulturen kennen sie als Energiezentren. Das Wissen über die Chakren finden wir schon in vedischen Schriften.

Das Wort Chakra kommt aus dem Sanskrit und bedeutet Rad oder Kreis. Dem hellsichtigen Blick zeigen sich die Chakren in einer runden, blütenartigen Form. Auf der materiellen Ebene unseres Körpers gibt es sieben Hauptchakren. Diese sind mit Energiekanälen verbunden. Die Chakren haben unterschiedliche Farben und Funktionsweisen. Darauf wollen wir in diesem Buch nur bedingt eingehen. Wichtig ist es zu wissen, dass es sie gibt und dass wir die Möglichkeit haben, sie von Belastungen zu reinigen.

Die sieben Chakren haben unterschiedliche Eigenschaften und Farben.

1 Das Wurzel- oder Sakralchakra steht für unser Urvertrauen und befindet sich auf der Höhe des Steißbeins. Es ist strahlend rot. Das Sakralchakra steht für unsere Sexualität, die Begeisterungsfähigkeit und Kreativität. Es befindet sich eine Handbreit unterhalb des Bauchnabels. Es ist strahlend orange.

2 Das Solarplexuschakra (auch Sonnengefl echt genannt) steht für Energie, Willen und Weisheit. Es befindet sich über dem Bauchnabel auf der Höhe des Solarplexus. Es ist strahlend gelb.

3 Das Herzchakra steht für unsere Liebesfähigkeit und befi ndet sich auf der Höhe des Herzens. Es ist strahlend grün.

4 Das Halschakra steht für unseren Ausdruck und für dieKommunikation mit unserer Umwelt. Es ist strahlend blau.

5 Das Stirnchakra steht für unsere erweiterte Wahrnehmung der Dinge, die unsere materiellen Augen nicht wahrnehmen können. Es ist strahlend indigoblau.

6 Das Kronen- oder Scheitelchakra steht für unsere universelle Verbindung, Spiritualität und unser höchstes Bewusstsein. Es ist weiß und zuweilen violett.

Wir atmen im grundlegenden Rhythmus. Alle Gedanken und Emotionen kommen zur Ruhe. Wir konzentrieren uns vollständig auf unseren Körper.

Wir spüren unsere Füße, Unterschenkel, die Knie, die Oberschenkel, unser Becken – hier verweilen wir einen Moment – dann gehen wir weiter zum Bauch, in den Brustraum, zur Schilddrüse und von dort weiter zu den Schultern. Von hier aus gehen wir zu den Oberarmen, den Armgelenken, dann weiter zu den Unterarmen, Handgelenken und Händen.

Wir verweilen wiederum einen Moment. Dann wandern wir hinauf zum Hals und dann zum Kopf. Wir visualisieren, wie sich in unserem ganzen Körper strahlend weißes Licht ausbreitet. Es beginnt in unserem Bauchraum und breitet sich mit jedem Atemzug von innen nach außen in alle Richtungen immer weiter aus. Es geht dann über unseren materiellen Körper etwa 30 Zentimeter hinaus. Mit jedem Atemzug atmen wir das strahlend weiße Licht ein und mit jedem Ausatmen atmen wir alles Dunkle aus.

Wenn wir in dieser perfekten Hülle aus Licht sind und uns geborgen und ruhig fühlen, konzentrieren wir uns auf unser Wurzelchakra. Wir sehen, wie es rotiert und leuchtend rot ist. Wenn wir dort dunkle Flecken erkennen können, so werden sie mit jeder Rotation aus dem Chakra herausgeschleudert und in die Umwelt abgegeben. Wir brauchen uns um nichts mehr zu kümmern.

Das Gleiche machen wir dann mit den anderen Chakren auf der materiellen Ebene. Wenn wir damit fertig sind, begeben wir uns wieder ganz in das Hier und Jetzt.

Reinigung von destruktiven Gedanken anderer Menschen

Wir atmen im grundlegenden Rhythmus. Alle Gedanken und Emotionen kommen zur Ruhe. Stille breitet sich in uns aus. Wir atmen tief und werden mit jedem Ein- und Ausatmen immer entspannter und fühlen uns immer ruhiger.

Wir konzentrieren uns auf das Zentrum unseres Herzens und verweilen dort einige Minuten mit den Fragen: Wer bin ich? Bin ich das Leben oder bin ich ein Ausdruck des Lebens?

Kann ich erkennen, dass ich nicht das Leben selbst bin, dass der Körper, der mir einen Ausdruck verleiht, nicht ich bin, sondern das ich ihn als Gefäß für meine Seele verwende? Mit dem Herzen können wir die Wahrheit erkennen. Wir denken in dieser Meditation darüber nach, indem wir beginnen, mit dem Herzen zu sprechen.

Nun beginnen wir wieder, tief zu atmen und uns auf den Körper zu konzentrieren. Ist er in einem harmonischen Gleichgewicht und geht es ihm gut? Wir durchfl uten den Körper vom Solarplexus immer mehr mit strahlendem weißen Licht.

Es breitet sich im gesamten Körper aus. Jede Zelle wird mit diesem Licht durchflutet und umgeben. Das Licht durchdringt uns schließlich vollständig. Es bildet sich eine ovale Hülle die etwa 30 Zentimeter über unserem Körper hinweg strahlt. Wir baden in diesem wohltuenden Gefühl der Geborgenheit und der Liebe.

Alle Gedanken werden still und ein großer Frieden stellt sich ein. Jetzt ist es an der Zeit, dass wir uns von den destruktiven Gedanken fremder Menschen befreien. Keine Gedanken anderer Menschen dürfen uns beeinflussen und unseren freien Willen einschränken.

Wir selbst sind Meister unseres Schicksals und verantwortlich für uns. In Gedanken oder auch laut sprechen wir Folgendes: „Alle destruktiven Gedankenformen von anderen Persönlichkeiten, die meine Persönlichkeit beeinflussen, müssen meine Persönlichkeit jetzt verlassen.“

Dann kommen wir wieder aus der Meditation ins Hier und Jetzt. Vielleicht bemerken wir eine Veränderung in uns. Wenn dies nicht der Fall ist, so ist es nicht wichtig. Wir können uns darauf verlassen, dass alle Gedankenformen, die nicht zu uns gehören, uns jetzt verlassen haben. Wir haben von Gott ein Geschenk erhalten. Den freien Willen. Kein Wesen darf diesen freien Willen beeinflussen, wenn wir es nicht wollen.

Visualisieren – Beobachten und aus dem Gedächtnis zeichnen

Für diese Übung benötigen wir einen Gegenstand aus unserem Haushalt, zum Beispiel eine Tasse, ein Stück Papier und einen Stift. Ein Bleistift wäre gut, aber wir können auch einen anderen Stift verwenden. Wir nehmen die Tasse in die Hände und schauen sie uns ganz genau an. Es geht bei dieser Übung darum, diesen Gegenstand so genau zu betrachten und zu untersuchen, dass wir uns alles detailliert einprägen. Welche Form hat die Tasse? Welche Farbe? Hat sie einen Henkel? Wie ist dieser gebogen? Wir spüren das Material in unseren Händen.

Wie fühlt es sich an? Wir prägen uns alles nach und nach ganz genau ein. Die genaue Form der Tasse, die Farbe, vielleicht hat sie leichte Risse oder einen Sprung. Wir prägen uns alles ein. Wenn wir fertig sind, stellen wir die Tasse zur Seite. Jetzt schließen wir die Augen und beginnen, uns die Tasse in allen Einzelheiten vorzustellen – jedes noch so kleine Detail. Wir entwerfen ein Bild, das die Tasse in allen ihren Einzelheiten wiedergibt.

Wenn wir das getan haben, öffnen wir die Augen und nehmen das Blatt Papier und den Stift und zeichnen die Tasse aus der Erinnerung. Wenn wir nicht so gut zeichnen können, macht das nichts. Wir zeichnen so gut, wie wir es können. Wir wiederholen diese Übung immer wieder, bis wir die Tasse perfekt aus dem Gedächtnis zeichnen können.

Wir visualisieren das Bild einer Wiese in den Bergen

Die folgende Übung wurde schon beschrieben. Hier geht es um das Erschaffen einer Landschaft in den Bergen, die wir in unserer Fantasie entstehen lassen.

Wir atmen gleichmäßig im grundlegenden Rhythmus und lassen alle Gedanken und Emotionen zur Ruhe kommen. Wir sind an einem strahlenden Sommertag auf einer Wiese, die von wunderschönen Bergen umgeben ist. Wir sitzen auf dieser Wiese. In Gedanken lassen wir diese Wiese mit saftig grünem Gras und vielen bunten Blumen entstehen.

Wir sehen Schmetterlinge, Bienen und andere Insekten umherfl iegen. Wir lenken den Blick in den strahlend blauen Sommerhimmel, an dem keine Wolke zu sehen ist. Wir bemerken, wie ein Vogel am Himmel seine Kreise zieht, und beobachten seinen eleganten Flug. Auf der Haut spüren wir die warme Sommerbrise und wir fühlen uns wohl und geborgen. Wir wenden den Blick nun wieder der Wiese zu. Wir legen uns hin und nehmen alle Gerüche war, den Duft des Grases, der Blumen und der Bäume. Sie sind vielfältig.

Wir nehmen alle Gerüche in uns auf. In der Ferne hören wir einen Fluss plätschern. Wir schauen jetzt über die Wiese und entdecken in der Ferne einfriedlich grasendes Pferd. Wir betrachten es genau. Welche Farbe hat das Pferd? Wie groß ist es? Wir erkennen alles ganz genau. Dann lenken wir unsere Aufmerksamkeit auf den Fluss. Wir beschließen, zum Fluss zu gehen. Dazu gehen wir über die Wiese und bemerken, dass wir barfuß sind und unsere Fußsohlen das Gras berühren. Wie fühlt sich das an? Vielleicht kitzelt das Gras an den Fußsohlen.

Wir schauen uns alle Einzelheiten auf dem Weg zum Fluss genau an und prägen uns alles ein.

Nach einem kurzen Spaziergang erreichen wir den Fluss. Er fließt ruhig und wir setzen uns bequem ans Ufer. Der Fluss wirkt sehr beruhigend auf uns. Er ist so klar, dass wir bis auf den Grund schauen können. Vielleicht entdecken wir Fische und Libellen.

In der Ferne hören wir junge Lämmer blöken und wir können sehen, wie sie ganz verspielt über die Wiese laufen. Wir fühlen, dass die Leichtigkeit und die Freude über das Geschaute in uns immer größer werden. Nach einer Weile beschließen wir, zur Wiese zurückzukehren. An unserem Ausgangspunkt blicken wir noch einmal über die gesamte Szenerie, die wir erschaffen haben, und fühlen, wie Frieden und Harmonie die gesamte Szene erfüllt.

Wir können immer wieder an diesen Ort zurückkehren. Hier finden wir Ruhe und inneren Frieden. Wenn wir es möchten, können sich der Frieden und die Harmonie von hier in die ganze Welt ausbreiten. Wir spüren ganz allmählich unseren ganzen Körper und kommen wieder ganz im Jetzt an.

Das bewusste Erschaffen einer Gedankenform

Bevor wir mit dieser Meditation beginnen, soll noch einmal betont werden, dass wir das bewusste Visualisieren nur für unsere eigenen Belange einsetzen sollten.

Wir sollten es nicht anwenden, um niedere Bedürfnisse zu befriedigen oder andere Menschen zu beeinflussen.

Wir sollten unsere Begierden und Sehnsüchte von heute nicht zu unserem steinigen Weg von morgen werden lassen.

Wir beginnen mit der grundlegenden Meditation.

Wir lassen alle Gedanken und Situationen des Alltags los. Es spielt keine Rolle, ob es gute oder schlechte waren. Wir fühlen uns geborgen und entspannen uns immer mehr. Unsere Gefühle kommen zur Ruhe und haben jetzt keinen Einfluss mehr.

Wir atmen tief und lassen vor unserem inneren Auge ein strahlendes Bild unseres Wunsches entstehen. Wir füllen das Bild mit immer mehr Lebenskraft, die wir durch das Atmen aufnehmen und an das Bild weitergeben. Das Bild wird immer klarer und erstrahlt mehr und mehr in allen Farben. Wir malen ein perfektes Bild in allen Einzelheiten. Wenn es uns gelingt, gehen wir im Bild umher und beobachten uns selbst.

Wir lassen das Bild von Gott segnen. Falls wir ein Bild für einen anderen Menschen erschaffen haben, darf die Bestimmung des Bildes sich nur erfüllen, wenn es den freien Willen des Menschen, für den es erschaffen wurde, nicht unterdrückt.

Wir wiederholen das Ganze noch ein paarmal, bis wir das Gefühl haben, dass es gut ist. Wir sollten diesem Wunsch dann keinerlei Beachtung mehr schenken, da er einmal erschaffen die Möglichkeit braucht, sich zu entfalten.

Vielleicht vergessen wir das erschaffene Bild völlig und werden dann von ihm überrascht, wenn wir überhaupt nicht mehr damit gerechnet haben.

In jedem Fall haben wir ein Bild erschaffen, das existiert und lebt. Es wird sich früher oder später erfüllen. Wenn wir noch nicht so geübt im Visualisieren sind und es uns nicht so leicht fällt, so schreiben wir unseren Wunsch in die Kugel hinein.

Wenn wir einen Wunsch für uns haben, so verfahren wir genauso wie beim Erschaffen eines Bildes.

Mehr Information zum Author, über seine Vorträge, Serminare oder Lesungen erfahren unter:

www.jens-behrmann.de